# ALAVANQUE
## SEU POTENCIAL

# Scott Blanchard & Madeleine Homan
FUNDADORES DA COACHING.COM

# ALAVANQUE SEU POTENCIAL

## OS PRINCIPAIS SEGREDOS DE COACHING DOS GRANDES EXECUTIVOS

**PREFÁCIO DE KEN BLANCHARD**

Tradução
Alexandre Tuche

EDITORA BEST SELLER

CIP-Brasil. Catalogação-na-fonte
Sindicato Nacional dos Editores de Livros, RJ.

B571a  Blanchard, Scott
Alavanque seu potencial: os principais segredos de coaching
dos grandes executivos/Scott Blanchard & Madeleine Homan;
prefácio de Ken Blanchard; tradução Alexandre Tuche – Rio de
Janeiro: Best Seller, 2006.

Tradução de: Leverage your best, ditch the rest
ISBN 85-7684-068-5

1. Executivos. 2. Mentores nos negócios. 3. Pessoal –
Treinamento. I. Homan, Madeleine. II. Título.

05-3654

CDD – 658.407
CDU – 65.012.412

Título original norte-americano
LEVERAGE YOUR BEST, DITCH THE REST
Copyright © Clear Cyan, LLC., 2004

Capa: Julio Moreira
Editoração eletrônica: DFL

Direitos exclusivos de publicação em língua portuguesa para o Brasil
adquiridos pela
EDITORA BEST SELLER LTDA.
Rua Argentina, 171, parte, São Cristóvão
Rio de Janeiro, RJ — 20.921-380
que se reserva a propriedade literária desta tradução.

Impresso no Brasil

ISBN 85-7684-068-5

PEDIDOS PELO REEMBOLSO POSTAL
Caixa Postal 23.052
Rio de Janeiro, RJ — 20922-970

*S.B.: Para meus pais,*
*Ken e Margie, que nunca falharam*
*com seu amor e apoio*


*M.H.: Para minha mãe,*
*Hélène de B. Madeira,*
*que sabia de tudo isso*

# SUMÁRIO

# PREFÁCIO

Quando Scott e Madeleine me perguntaram se eu escreveria um prefácio para o seu livro *Alavanque seu potencial,* fiquei emocionado. Por quê? Porque devo muito a eles — foram eles que me apresentaram ao mundo do coaching.

Ao fundarem a Coaching.com, um serviço de desenvolvimento pessoal, aconselhamento e coaching via Internet, fiquei intrigado. Há anos estou frustrado com a percepção de que bom senso nem sempre é uma prática comum. As pessoas me dizem o tempo todo: "Ken, adoro seus livros — li a maioria. Eles tornam simples o que é complexo. O conteúdo deles prioriza o bom senso." Tento ser educado, mas realmente quero lhes perguntar: "Tudo bem, mas você já colocou em prática alguma coisa sobre a qual escrevi?"

Basta pegar *O gerente-minuto* (Record, 1992), uma parábola sobre três segredos gerenciais, como exemplo. Como é um livro pequeno, que passa de uma pessoa para outra, um mínimo de 20 milhões de pessoas em todo o mundo provavelmente já o leu. E, no entanto, quando visito organizações em toda parte e pergunto às pessoas o que elas fazem e depois comparo suas respostas com as de seus chefes, obtenho duas pequenas listas engraçadas. O primeiro segredo de *O gerente-minuto* — um minuto para traçar objetivos — não tem sido muito utilizado. As pessoas estão sendo avaliadas por coisas que, a princípio, não sabiam que deveriam fazer.

Minha segunda pergunta é "Como você sabe se está fazendo um bom trabalho ou não?". A resposta que mais recebo é "Ninguém tem gritado comigo ultimamente". Em outras palavras, falta de notícias é boa notícia.

Nem os elogios de um minuto (ninguém nunca reclama dos elogios que recebe no trabalho) nem as repreensões de um minuto (que terminam com uma reafirmação), os outros dois segredos, estão muito bem. Hoje, a abordagem gerencial mais popular ainda é a "gestão gaivota". Esses gerentes indisciplinados nunca estão por perto até você cometer um erro. É quando aparecem e sobrevoam, fazendo muito barulho, descarregando em todo mundo e caindo fora depois. Essa não é a melhor maneira de ser gerenciado.

Digo "Os gerentes indisciplinados" de propósito porque Scott e Madeleine me convenceram de que a liderança eficaz tem mais a ver com disciplina do que com habilidade. É aí que o coaching entra como um processo incrível que pode trazer uma grande recompensa às organizações. Por quê? Porque, se existe a prática do bom senso, os resultados são quase garantidos. Quando uma iniciativa de treinamento gerencial ou de liderança é seguida de treinamento individual, é possível alcançar resultados fenomenais. Já provamos isso em The Ken Blanchard Companies, onde combinamos nossa capacitação em liderança mundialmente reconhecida com o trabalho de acompanhamento da Coaching.com. Por quê? Isso é algo que aprendi com Scott e Madeleine.

Existem três situações em que a capacitação pode acontecer — individualmente, de um para alguns e de um para muitos. A maior parte da capacitação ocorre num ambiente de um para muitos — os gerentes se reúnem com 20 ou mais colegas para aprender algum conceito de liderança. Depois, as organizações, a fim de receber um retorno pelo dinheiro investido, esperam que esses gerentes utilizem o que aprenderam em um cenário de um para alguns, com seus funcionários diretos. E, no entanto, este é um salto muito grande para a maioria dos gerentes porque eles mesmos ainda não assimilaram o que aprenderam ao seu repertório de comportamento. O resultado é a imediata frustração com sua margem de sucesso ao aplicarem com seu pessoal o aprendizado. A etapa que falta é a relação de coaching individual, na qual eles possam solidificar e personalizar o que aprenderam antes de utilizar com os funcionários. Então, antes de aplicar o aprendizado recebido num ambiente de um para muitos em uma situação de um para alguns, o coaching individual se torna essencial.

Embora esses *insights* que assimilei com Scott e Madeleine sejam importantes para o meu trabalho organizacional e meus escritos, o acontecimento mais significativo para mim e pelo qual agradeço imensamente a eles é o meu trabalho pessoal com meu próprio coach. Quando eles fundaram a Coaching.com, Scott me disse: "Pai, gostaria que você tivesse um coach para que pudesse experimentar em primeira mão o poder do que estamos fazendo." Quando concordei, Madeleine me apresentou pelo telefone a vários coaches de primeira linha que ela achava que podiam efetivamente trabalhar comigo, principalmente levando em conta a forma como Scott me descrevera: "Meu pai é um 'tipo escorregadio' — consegue convencer qualquer um de que é um anjo quando se trata de mostrar suas boas intenções. Desse modo, ele precisa de alguém a quem não consiga enganar."

Diante dessa realidade (que, tenho que admitir, é mais verdade do que ficção), acabei numa relação de coaching com Shirley Anderson, uma das pioneiras no ramo, que treinou Madeleine por muitos anos (será que eu e Madeleine temos algo em comum?). Dizer que meu relacionamento com Shirley foi um verdadeiro presente representa uma descrição atenuada da realidade. Por quê?

De início, após fazer meu Scrubdown (você aprenderá sobre esta ferramenta de diagnóstico ao ler este livro), pensei que Shirley tentaria me consertar. Mas não foi o caso. Ela me tratou como se "já fosse perfeito" — umas das verdades-chave que você aprenderá com Scott e Madeleine. Assim que percebi essa realidade, pude escolher alterar qualquer comportamento que achasse que não me servia. A expressão-chave aqui é "eu pude escolher" — Shirley não escolheria o que eu mudaria nem mesmo me mudaria. Ela era minha torcedora e incentivadora para mudar qualquer coisa em meu "*self* perfeito". Que percepção poderosa — uma idéia que compensará o tempo e a energia gastos na leitura deste livro!

M eu relacionamento com Shirley tem sido o exemplo vivo de uma citação atribuída a Bill McCartney, fundador da Promise Keepers: "Não estamos neste mundo para competir uns com os outros, mas para completar uns aos outros." Shirley criou para mim um lugar seguro, a fim de que eu pudesse aprimorar o meu "*self* perfeito" (afinal de contas, eu já era perfeito e, conseqüentemente, não precisava mudar). O resultado é que estou me sentindo melhor em relação a mim como jamais senti antes. As três áreas que me preocupavam estão todas incluídas: gerenciar minha saúde e minha boa forma, não dizer sim com tanta freqüência — e, conseqüentemente, perder o "verdadeiro Ken Blanchard" — e desenvolver um sistema organizacional que funcione para ser super-racional. E tudo isso sem me maltratar durante o processo nem me depreciar.

Leia *Alavanque seu potencial* com a mente aberta e cheia de entusiasmo. Este poderá ser o melhor livro que você já leu em vários anos e, durante o processo, poderá ajudá-lo a ser até mais perfeito do que já é. Scott e Madeleine o impulsionarão em direção ao que deseja — aquelas coisas realmente importantes para você — e mostrarão como atingi-las. Obrigado, Scott e Madeleine. Vocês transformaram minha vida profissional e pessoal. Deixe que eles façam o mesmo por você. Que Deus os abençoe!

Ken Blanchard
Co-autor de *O gerente-minuto* e
*O gerente prazo e meta* (BestSeller, 2005)

# INTRODUÇÃO

 ## Instantâneo
Um garoto de dez anos sai a toda pela entrada da garagem
em sua nova — tudo bem, herdada do irmão, mas nova para
ele — bicicleta de dez marchas. Tem um brilho incrível nos
olhos. Os cabelos escapam do boné de lã, que a mãe ameaçou grampear-lhe
na cabeça. Sobe a grande ladeira do bairro experimentando todas as marchas, sentindo os músculos das coxas começarem a queimar, e depois os pul-
mões, quando expele o ar frio. Chega ao topo da ladeira e olha para uma das
mais extensas colinas do município. Consegue enxergar vários quilômetros à
sua volta. Começa a descer a colina sentindo o coração bater de tanto pavor e
com a liberdade do ato. Seus olhos flutuam com o vento e um sorriso louco de
orelha a orelha está colado em seu rosto. À medida que desliza em direção
à parte plana no fim da colina, grandes e espessos flocos de neve começam a
cair — ele grita e soca o ar, batendo na mão de algum amigo invisível. Levanta
os braços para o céu — veja, mamãe, sem as mãos! —, abre a boca e pega
um enorme floco de neve bem no meio da língua. Fecha os olhos, na glória
de um momento perfeito.

U m momento perfeito.

Afinal de contas, a vida não é uma série de momentos reunidos para formar uma história completa? E não seria maravilhoso poder aumentar a incidência dos momentos perfeitos? Se alguém lhe dissesse que as coisas em sua vida estão perfeitas agora, você sem dúvida negaria imediatamente. Mas tem de admitir que todos *nascem* perfeitos. Criados de maneira perfeita. É um milagre, realmente, se você pensar a respeito. Todos sabemos disso. Por esse motivo, choramos quando vemos bebês recém-nascidos. Pequeninas embalagens de perfeição extraordinária. Perguntamo-nos como as enfermeiras da maternidade podem suportar toda aquela perfeição.

Então, o que acontece?

A vida fica complicada.

E a sua vida? Quantos momentos perfeitos você teve recentemente — momentos em que tudo se encaixou e a vida foi exatamente o que deve ser? É claro que você tem momentos perfeitos. Todos nós temos. Mas talvez eles não estejam se somando na vida perfeita que você imaginou para si. Na verdade, a cada ano que envelhecemos, às vezes parece que, em vez de se tornar cada vez melhor, a vida é mais difícil. Já se pegou olhando com inveja para uma criança ou talvez para um aluno de faculdade com vontade de trocar de lugar com eles? Com vontade de voltar a um tempo em que tudo era mais simples?

O que aconteceu? O que você tinha quando era criança ou jovem e não tem mais? Tinha mais liberdade, mais escolhas? Tinha menos responsabilidade? Havia menos pessoas dependendo de você? As coisas certamente eram mais simples e menos preocupantes quando você era mais jovem. Mas o que mais era diferente? O que mais mudou desde a época em que você tinha momentos perfeitos quase todos os dias? O jeito como você vê a vida mudou ou continua o mesmo?

Como coaches e consultores, tivemos o privilégio de trabalhar com milhares de clientes durante os últimos 15 anos. Algumas coisas tornaram-se claras para nós. Em primeiro lugar, com o passar do tempo, a vida das pessoas se torna mais complicada. Quando a vida se torna mais complicada, geralmente se torna mais difícil. Ao se tornar mais difícil, ela freqüentemente se torna menos agradável. Não que as pessoas não apreciem os aspectos significativos de suas vidas; elas simplesmente não gozam das muitas horas por semana que gozavam quando suas vidas eram menos complicadas. Tudo isso é evidente por si só. No entanto, o que não é evidente é o motivo pelo qual se aceita isso. Algumas pessoas se desgastam, e muitas acham que não têm as ferramentas, os recursos, os meios e o apoio para assumir o controle de suas vidas complicadas e torná-las mais agradáveis. A maioria das pessoas não sabe, de forma sistemática, como tirar suas vidas da confusão implacável que se acumulou e torná-las mais divertidas. Então, aceitam que a vida é uma grande labuta. Mantêm a cabeça erguida e tocam o barco adiante.

Não precisa ser assim.

Escrevemos este livro para que você possa melhorar sua vida de forma radical. E sabemos que você pode fazer isso sem mudar completamente sua realidade, tomando decisões radicais e arriscadas ou gastando mais dinheiro do que já investiu neste livro. Isso é garantido!

Além do mais, construímos um *site* na Internet para aqueles que se comprometeram com sua própria jornada de coaching. O coaching é uma ferramenta dinâmica, e você é um trabalho em andamento — a tecnologia facilita o monitoramento do crescimento. Você pode utilizar o *site* para fazer os exercícios deste livro, manter um registro pessoal do seu trabalho, comunicar-se com outros cuja jornada possa ser semelhante à sua, ir a *links* relacionados ao assunto e nos fazer perguntas. Se isso lhe parece atraente, vá até www.leverageyourbest.com. Seu *login* de leitor especial é Coachme e sua senha é *now* (agora). A partir da página de *login* você poderá se tornar membro, ativar seu *login* e sua senha e proteger a privacidade do seu trabalho *online*. Se não é fácil para você acessar a Internet, ou não lhe parece algo atraente, não tenha medo. Tudo de que você precisa está bem aqui neste livro.

Estamos confiantes em que nosso livro funcionará para você, uma vez que as perspectivas e as ferramentas nele contidas funcionaram para milhares de pessoas com experiências de vida únicas e diversas.

# CAPÍTULO UM

# Bem-vindo ao coaching

*O que o coaching*
*realmente pode fazer por você?*

 **Instantâneo**

— As coisas são boas... Bem, podiam ser melhores... Para falar a verdade, estou realmente de saco cheio e pensando em largar o emprego. Estou cortando lenha aqui, e não vejo lascas voando.

John, um gerente de produção de uma empresa de software, está falando ao telefone com seu novo coach. Passa a mão pelo cabelo ruivo, percebendo novamente que tem cada vez menos cabelo. Ele ri, pesaroso de sua vaidade, do modo como ela surge nos momentos mais estranhos. Quando estava na graduação, simplesmente não podia imaginar que um dia estaria sentado a uma mesa abarrotada, sentindo como se, de alguma maneira, tivesse perdido o trem.

Ele não tem muita certeza por que se envolveu com o coaching, mas imagina que, a esta altura, não tenha nada a perder.

— Tive seis reuniões ontem e saí de cada uma com tanto trabalho que nem sei o que se passou comigo. Estou trabalhando até tarde todas as noites, minha esposa parece permanentemente com raiva de mim, sinto-me como se não visse meus filhos há várias semanas, e os melhores membros da minha equipe estão prestes a pedir demissão porque a carga de trabalho simplesmente não está diminuindo — ao contrário, está piorando.

— Uau! — diz seu coach. — Isso parece pesado.

— Sim — diz John. — E o que realmente me deixa irritado é que tenho a impressão de reclamar sobre as mesmas coisas sem parar e parece que não consigo consertar nada.

— Tudo bem — o coach interfere. — Vamos cuidar disso e ver se não podemos fazer algumas mudanças, de modo que você possa pelo menos passar para problemas novos.

John ri e suspira:

— Bem, isto seria um alívio.

— Vamos olhar para o quadro como um todo, para o modo como você está funcionando no trabalho, na vida pessoal e familiar e em todas as áreas de sua vida. Vamos identificar exatamente onde está neste exato momento e aonde realmente quer chegar.

— Ajudarei você a enxergar diferentes ângulos para que tenha muitas novas perspectivas. Assim que você conseguir ver sua vida de maneira mais clara, eu o ajudarei a alavancar algumas coisas e a deixar outras como estão, e finalmente o ajudarei a decidir que atitudes podem eliminar permanentemente suas recorrentes frustrações — declarou o coach.

John gosta do que seu coach está dizendo, mas ainda tem algumas dúvidas sobre buscar ou não esse tipo de ajuda. Ele nunca se viu como alguém que precisasse de ajuda. Pelo que se lembra, sempre foi um menino de ouro dentro e fora da quadra de basquete. Sempre foi o sujeito a quem as pessoas recorriam em busca de conselho. Por que não pode fazer isso sozinho?

— Você realmente pode fazer isso por mim? — pergunta John, entusiasmado, porém sem muita certeza.

— Você é quem vai fazer, John, não eu, mas mostrarei alguns princípios e um processo seguro que ajudará a guiá-lo — diz o coach. — Além do mais, sempre o escutarei e lhe darei força para alcançar o que afirma querer. Vou lembrá-lo das muitas coisas que faz e que estão funcionando, e o manterei de olho no alvo. O que lhe parece?

Passou-se um momento até John respirar fundo e dizer:

— Bom. Vamos fazer isso.

## ■ ENCONTRAR UM COACH EM UM LIVRO? ■

Parece bom? Ver-se a si mesmo de maneira objetiva, com os próprios olhos, atravessar as camadas de detrito mental acumulado, fazer escolhas objetivas e agir de maneira efetiva, a fim de criar uma vida que funcione perfeitamente? Sempre que descrevemos o que o coaching pode fazer pelas pessoas, a resposta inevitável é "*Quero um coach!*". Quem não iria querer? Quando as pessoas trabalham com um bom coach, estão investindo nelas mesmas como se fossem algo totalmente novo, e isso faz com que elas alcem vôo em direção ao destino de sua escolha. Este livro é nossa maneira de oferecer-lhe o processo de coaching e as suas melhores ferramentas.

Reproduzir a experiência do coaching em um livro é infernalmente difícil porque entendemos que o poder do coaching decorre de um relacionamento. Embora isso seja em parte verdade, a relação mais relevante para a qual o coaching se volta é a que você tem consigo mesmo. Como coaches, fazemos inúmeras coisas com nossos clientes. Criamos um ambiente onde as pessoas se sintam seguras e onde possam crescer. Depois, utilizamos um processo — um conjunto de princípios e uma estrutura — que pode ser facilmente reproduzido. Muito tempo depois de interrompermos nosso trabalho juntos, os clientes dizem com freqüência: "Ainda ouço sua voz em minha cabeça." Mas sabemos que não é a vez do coach que eles estão ouvindo — é a deles mesmos. Sua própria voz é agora informada por uma estrutura e um conjunto de princípios que lhe conferem clareza. O coaching ajuda as pessoas a terem melhores conversas *com elas mesmas*, ajuda as pessoas a tomarem melhores decisões sobre o que é melhor para elas de minuto a minuto. Grandes coaches não dizem às pessoas o que fazer; eles as ajudam a construir seu próprio sistema personalizado para descobrirem sozinhas o que fazer. Este livro pode ajudá-lo a encontrar uma nova estrutura mental e um novo sistema operacional. Chame-o de seu novo *software* interno, se desejar.

## ■ O QUE É COACHING? ■

C oaching é um termo muito amplo que até agora significou um ônibus (um meio de transportar pessoas de um lado para o outro) ou um profissional que ajuda outros na área de esportes ou outras habilidades. A confusão é grande. Hoje, um coach de negócios pode ser qualquer coisa, desde um doutor em psicologia organizacional a um palestrante empresarial. Frederic M. Hudson, fundador do The Hudson Institute of Santa Barbara — um dos mais respeitados programas de capacitação em coach —, sugeriu uma maneira maravilhosa de descrever o que o coaching faz pelas pessoas em seu livro *The Handbook of Coaching*:

> *Se os adultos puderem desenvolver sistemas de radar confiáveis para guiá-los pelo infinito labirinto da vida diária, eles podem manter a confiança, a auto-estima e a esperança. Se puderem desenvolver giroscópios confiáveis para guiá-los através da imprecisão de sua experiência social, criar estabilidade interior suficiente e perseverança exterior para vivenciar suas crenças, terão um superávit de energia e coragem para planejar o trabalho e as comunidades em nosso tipo de mundo.*

A idéia de ter um sistema de radar pessoal e um giroscópio é atraente.

O *American Heritage Dictionary* define *radar* como "o método de detectar objetos distantes e determinar sua posição, velocidade ou outras características por meio de ondas de freqüência de rádio muito altas refletidas a partir de sua superfície".

Esqueçamos a parte da onda de rádio de alta freqüência e nos concentremos na idéia de ser capaz de detectar objetos distantes — no caso do radar pessoal, objetos como concorrentes, demissões, mudanças nas taxas de juros e mudanças em relações importantes nos vêm à mente. Não seria maravilhoso poder estimar "a posição, a velocidade ou outras características" de maneira mais eficaz do que você faz atualmente? E o conceito do giroscópio? Outra definição do *American Heritage Dictionary*: "Instrumento que consiste de um conjunto giratório, tipicamente um disco ou uma roda, montado sobre uma base, de modo que seu eixo possa girar livremente em uma ou mais direções e, desse modo, manter sua orientação independente de qualquer movimento na base."

O ponto principal aqui é "manter sua orientação independente de qualquer movimento". Freqüentemente nos encontramos em meio a tanta turbulência que não saberíamos que caminho tomar se nossas vidas dependessem disso. Nossas vidas podem não depender disso, mas nossa qualidade de vida certamente depende.

Nosso mundo ficou muito mais rápido, muito mais perigoso, muito maior e mais difícil de pilotar. Como um sistema GPS de um automóvel, o coaching foi inventado para ajudar as pessoas a pilotar esse novo mundo — mais rápido, maior e mais complexo.

O coaching é uma arte da alma, e os coaches são artistas da alma.

Os coaches ajudam as pessoas a fazer o trabalho de martelo e cinzel necessário, eliminando o que é irrelevante, de modo que elas possam alcançar o que mais importa em sua vida. Em *A vida secreta das abelhas* (Ediouro, 2004), a autora Sue Monk Kidd apresenta uma de suas personagens perguntando à outra por que a sua casa é pintada de rosa-shocking:

> — *Você sabe, algumas coisas não são tão importantes assim, Lily. Como a cor de uma casa. Qual é realmente a importância disso em sua vida? Mas fazer uma pessoa se sentir melhor... isso sim faz diferença. O grande problema com as pessoas é...*
> — *Elas não sabem o que importa e o que não importa — eu disse, completando sua frase e sentindo-me orgulhoso por fazê-lo.*
> — *Eu ia dizer que o problema é que elas sabem o que importa, mas não escolhem isso. Sabe como é difícil, Lily? Amo May, mas, mesmo assim, foi tão difícil escolher Caribbean Pink. A coisa mais difícil do mundo é escolher o que faz diferença.*

Escolher o que faz diferença é difícil. Escolher o que importa tem conseqüências — às vezes inesperadas. A maioria de nós não escolhe o que mais importa porque não tem uma estrutura com a qual avaliar as conseqüências lógicas. Freqüentemente, seguimos o padrão da escolha segura ou óbvia. Os coaches nos ajudam a construir uma estrutura pessoal para escolher de forma consistente e consciente o que mais importa. Eles utilizam um processo e algumas ferramentas para ajudar as pessoas a chegar ao cerne da questão — escolher as melhores maneiras de investir em si mesmas.

## ■ O PROCESSO DE COACHING ■

O principal objetivo do coaching é ajudar os clientes a ver de maneira objetiva onde estão (estado atual) e onde precisam estar (estado futuro), e depois desenvolver um plano para ir do ponto A ao ponto B com o mínimo de esforço e o máximo de divertimento possível. Embora se deslocar do ponto A para o ponto B possa parecer simples e direto, na verdade, raramente é. Muitas pessoas têm idéia clara de aonde estão indo e talvez até tenham um plano para chegar lá, mas mesmo assim, por alguma razão, nunca conseguem chegar ao destino.

Dizem que a linha mais difícil de traçar é uma reta, e certamente é a mais difícil de seguir. Isto se deve em parte às coisas que sempre obstruem planos bem traçados. Além de ajudar os clientes a tomarem o caminho para atingir o que desejam na vida, nós também os ajudamos a prever e lidar com os obstáculos que possam desfazer seus planos bem traçados. O processo de coaching ajuda as pessoas a saírem do ponto A em direção ao ponto B e permite que ganhem a confiança de planejar e atingir coisas maiores no futuro, muito tempo depois de o coach sair de cena.

À medida que você conquista a habilidade de compreender sua própria vida e a sua dinâmica, surgirá um benefício colateral. O conhecimento que você tem sobre si mesmo o ajudará a compreender melhor as pessoas em sua vida. Imagine se você fosse capaz de compreender mais as pessoas à sua volta — seu chefe, seus colegas de trabalho, seu cônjuge, seus amigos e familiares — e descobrir o que realmente as emociona. Não há dúvida de que compreender bem a si mesmo e aos outros é a chave para uma comunicação mais eficiente e para relacionamentos e resultados melhores.

## ■ PRIMEIRO PASSO: ACEITAÇÃO ■

O que o fez escolher este livro? Se você deseja reverter danos de muitos anos, este livro não é para você, nem um coach é. Se você acha que precisa de um empurrãozinho, um pouco de foco, estrutura e clareza, então está no lugar certo. Existe um pré-requisito fundamental para iniciar o processo de coaching: *você deve estar disposto a aceitar quem é e onde está neste exato momento e reconhecer que é o produto direto de tudo o que aconteceu com você e de todas as escolhas que fez até este momento.* Antes de provocar mudanças, deve estar preparado para dizer a verdade sobre seu passado e acreditar que está fundamentalmente bem neste exato momento. Para algumas pessoas, é um ato de fé. Isto é o que os coaches fazem pelas pessoas — aceitam o estágio em que se encontram agora e não julgam como elas chegaram lá.

### Instantâneo

Marjorie está ao telefone com o coach com quem trabalha há três meses. Ela tem na parede um calendário de quadro branco marcado com as aulas de dança com patins em que acabou de se inscrever, jantares com amigos e uma massagem mensal — todas essas atividades são acréscimos recentes em sua lista, com foco em objetivos e governada por prazos, e já tão cheia que passava dos limites. Não há mais espaço em branco no quadro branco. Ao lado do calendário transbordante, está a foto de uma jovem ruiva segurando um bebê sorridente — ela exibe um largo sorriso que faz com que os outros façam o mesmo. De pé, ao lado deles, está um *golden retriever* que também parece sorrir. Ela adora a foto porque sempre acreditou que os cachorros sorriem, e agora tem provas.

Marjorie, uma executiva financeira de uma grande empresa de relações públicas, contratou um coach porque, aos 34 anos, percebeu que estava se afastando de seu filho recém-nascido para trabalhar e voltava para casa sem sentir qualquer prazer ou realização em sua vida agitada. Percebeu que precisava recuperar momentos de prazer, mas a maneira como costumava se divertir não combinava com a vida de uma mãe que trabalha fora.

Agora, após três meses de trabalho com o coach, está percebendo uma mudança radical em sua qualidade de vida. Respeita seu coach, que tem sido cuidadoso e a tem desafiado a dizer "não" ou "talvez" à avalanche de pedidos e solicitações que recebe. Seu coach pediu-lhe que examinasse o que considerava mais importante e a ajudou a progredir verdadeiramente na reestruturação de sua vida. No entanto, ela se sente desconfortável porque não tem sido completamente honesta com seu coach e sabe que agora precisa dizer a verdade.

— Existe algo que não lhe contei — Marjorie admitiu um dia.

— Um-hum — seu coach respondeu.

— Esperava ter parado de fazer isso a esta altura, mas não parei, e agora estou desconcertada.

— Tudo bem.

— Bem, não quero que grite comigo ou coisa do tipo.

— Eu não faria uma coisa dessas — disse seu coach, rindo.

— Está bem. É o seguinte: eu fumo.

— Ora, não me importo se você fuma.

— Não?

— Não.

— Oh! — Marjorie estava aliviada. Pensou que teria de se defender e defender o hábito pelo qual se critica tão duramente. Seu marido o odeia, seus amigos o consideram mau comportamento, ela se sente um fracasso e, agora, com um bebê, o cansaço é ainda maior.

— Se realmente deseja fumar, fume sem problemas — disse seu coach. — Agora, vamos nos concentrar em seu objetivo de estabelecer o sistema para estar em contato com todos os seus principais clientes, como tínhamos planejado, ou você prefere concentrar-se em outra coisa?

No dia seguinte, Marjorie entrou para um grupo com o objetivo de deixar de fumar e, desde então, não fumou um cigarro sequer. Quando mencionou o fato a seu coach, ele perguntou:

— Isto a faz sentir-se bem?

— Sim — ela respondeu.

O coach disse "Parabéns" e ponto final.

Marjorie não pensa mais nisso — o assunto não surgiu novamente. Não faz mais diferença para ela.

*M*as faz diferença para você, porque a única maneira de você conseguir mudar é enxergar-se exatamente como é agora e aceitar o fato de forma incondicional. *O paradoxo fundamental do coaching é que você deve aceitar-se da maneira que é. Só assim poderá fazer as mudanças que serão melhores para você.*

A auto-aceitação é a chave para a mudança do comportamento individual, tal como aceitar as imperfeições do cônjuge é uma das chaves para um casamento bem-sucedido. Em sua pesquisa, o Dr. John Gottman, da Universidade de Washington, comprovou que um dos principais fatores responsáveis pelos casamentos duradouros tem a ver com a maneira como os casais lidam com as diferenças e as mudanças pessoais. Muitos casamentos duradouros permitem que um dos parceiros ou os dois mudem ao longo do relacionamento, enquanto muitos casamentos fracassados desmoronam porque um dos parceiros se sente pressionado a mudar demais. Ironicamente, os casamentos bem-sucedidos criam uma atmosfera de mudança, enquanto os casamentos fracassados criam uma atmosfera onde a mudança é exigida por um dos lados enquanto o outro lado resiste. Por que os resultados se diferenciam?

Uma mudança só ocorre em um casamento quando a percepção da total aceitação já está presente no relacionamento. Como uma mulher feliz no casamento disse ao marido: "Eu amo você do jeito que é, Joe. Você foi abençoado com qualidades e defeitos que admiro. Amo você plenamente, Joe! Agora, pelo amor de Deus, vê se muda!" Se um dos parceiros não for pressionado a mudar, é mais provável a mudança acontecer. É perverso, mas é verdade.

O coaching funciona da mesma maneira. Os coaches não julgam seus clientes; consideram que seus clientes estão bem e assim criam uma atmosfera poderosa para seu crescimento e desenvolvimento por meio da mudança.

No entanto, aqui está o que a maioria das pessoas repete em suas cabeças para convencer-se de que são um desastre ambulante:

*"Sou gordo."*
*"Sou burro."*

*"Sou um pai terrível."*
*"Não consigo fazer isso."*
*"Não sou bom o bastante."*
*"Por que não consigo uma oportunidade?"*

Aceitar-se também inclui aceitar as circunstâncias que cruzam o seu caminho. Todos nós já nos sentamos à mesa, com a cabeça entre as mãos, perguntando-nos como algo pode ter dado errado, e logo depois tivemos mais notícia ruim batendo à porta. Os dias ruins acontecem. Parte da aceitação é poder visualizar o que é real neste momento, sem fazer julgamentos, dar justificativas e explicações ou culpar a si ou aos outros. Somos todos afetados por acontecimentos fora de nosso controle; só podemos controlar como reagimos a eles. Nossa habilidade de escolher uma reação depende inteiramente de nossa habilidade de ver as situações de forma clara e aceitar a realidade. Aí, sim, podemos mudar as coisas.

## ■ USANDO ESTE LIVRO COMO AUTO-ORIENTAÇÃO ■

E ste livro destina-se a guiá-lo ao longo de sua própria jornada de coaching. Embora duas pessoas nunca tenham a mesma jornada, a estrutura básica será algo assim:

À medida que você se acostuma com a idéia de aceitar que está bem por enquanto, pode ter uma idéia de como utilizar este livro. Após a aceitação fundamental de onde está agora, você identifica um estado final ideal — seu Objetivo Principal. Nós o ajudaremos a fazer isto no Capítulo 2. Para chegar do ponto A (total aceitação de quem é agora) ao ponto B (Objetivo Principal), você deve ter uma boa idéia do que *realmente* são os pontos A e B. Com uma visão clara de cada ponto, é possível ter uma idéia de como preencher a lacuna entre os dois.

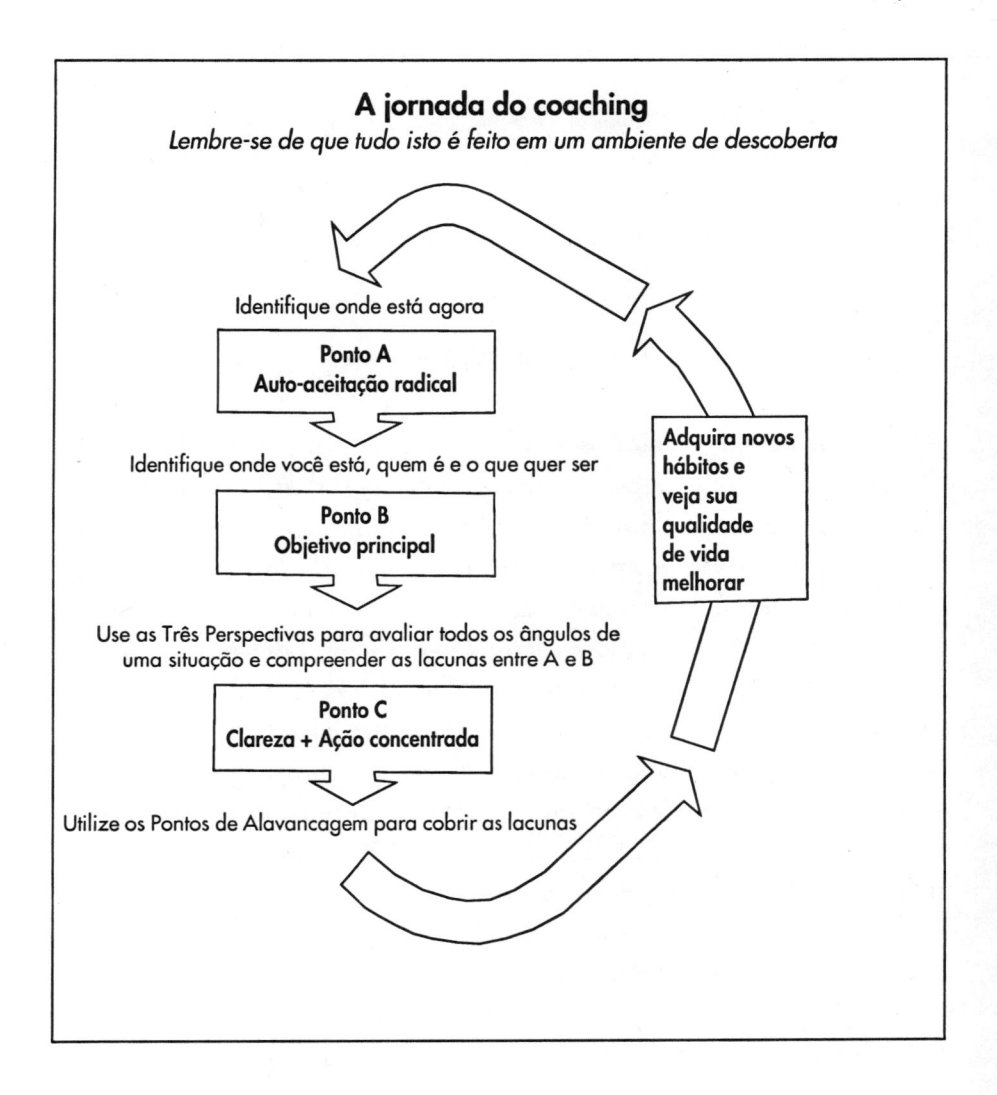

**AS TRÊS PERSPECTIVAS**

As Três Perspectivas oferecem um ponto de vista multifacetado que pode expandir a quantidade de informações que você utiliza para formular sua avaliação de onde está neste momento.

*Como você se vê?*
*Como os outros o vêem?*
*Como deseja ser visto?*

As Três Perspectivas levam à pergunta inevitável do coaching: E agora?

### ■ ALAVANCANDO-SE ■

Finalmente, oferecemos os Sete Pontos de Alavancagem. Durante 15 anos orientando pessoas de todas as posições sociais, estas são as áreas que foram mais úteis. Se você aplicar-se na utilização de dois ou três dos Sete Pontos de Alavancagem, sua vida melhorará sensivelmente. Para ajudar a estabelecer que Pontos de Alavancagem fornecerão o impacto mais imediato para você, providenciamos o Scrubdown. O Scrubdown, um teste de auto-avaliação de eficácia comprovada, ajudará você a entender por onde começar o trabalho de lidar com sua vida multifacetada. O Scrubdown destina-se a ajudá-lo a ser brutalmente honesto e o efeito pode fazer com que você se sinta inquieto, fato pelo qual pedimos desculpas antecipadamente. Mas provavelmente você não irá querer construir sua jornada de coaching sobre um monte de mentiras — não há sentido nisso. As perguntas que você se fará cortam a camada macia e se dirigem às questões que o estão atormentando, esteja você ciente delas ou não. O Scrubdown vai direto ao ponto, lidando com os aspectos de sua vida que dão a sensação de estar fora de controle, de cabeça para baixo, ou totalmente fora da tela do radar. Milhares de pessoas utilizaram o Scrubdown e acham que ele pode fornecer uma direção nítida de onde se concentrar primeiro.

O Scrubdown também é importante porque mostrará o modo como você lê e utiliza este livro, literalmente. Baseados na contagem que você obtiver em seu Scrubdown, podemos recomendar que comece a ler o livro perto do fim ou no meio, em vez de no começo. As pessoas recorrem ao coaching com diferentes necessidades, algumas de longo prazo e outras mais imediatas. Dessa maneira, o Scrubdown ajudará você a compreender o que vai encontrar neste livro para obter o maior impacto no menor tempo possível. O livro destina-se a servi-lo em sua jornada de coaching de maneira tão rápida e produtiva quanto possível. Você pode seguir nossa trajetória, ou pode planejar a sua própria.

Os Sete Pontos de Alavancagem lhe oferecem uma garantia: aqueles que os utilizam, experimentam mais qualidade de vida por tempo indeterminado. São eles:

---

## OS SETE PONTOS DE ALAVANCAGEM

1. *Domine* seu universo

2. Administre seus *dons*

3. Satisfaça suas *necessidades*

4. Trate com carinho e proteja *o que lhe é valioso*

5. Designe e reivindique seus *padrões*

6. Estabeleça e defenda seus *limites*

7. Elimine suas *tolerâncias*

---

Começamos com:

### 1. DOMINE SEU UNIVERSO

A primeira ordem do negócio é descobrir: Onde você está? O que está fazendo aí? Este é o melhor lugar, o mais adequado para você? Como está seu universo agora? Dizemos seu "universo" porque todos os aspectos de sua vida pertencem a você, mesmo que não os queira. *Você* decide o que faz parte do seu universo e o que não faz. O seu universo é o seu *contexto*, e o coaching não funciona a não ser que você o compreenda, e ponto final. Um técnico de esporte trabalha em um esporte e um jogo específico — seu universo é o equivalente pessoal do seu jogo, o que significa ter compreensão do campo, das regras e dos jogadores. Depois, você descobre como seu estilo, seus pontos fortes e suas habilidades afetam a maneira como está jogando.

## 2. ADMINISTRE SEUS DONS

Depois de compreender sua forma de jogar, você precisará ter uma idéia bem clara de como contribuir para o êxito de sua equipe. Sua maneira de contribuir baseia-se em seus dons. Você pode estar consciente de quais são seus dons, mas é bem provável que não saiba mais como desenvolvê-los ou gerenciá-los melhor. Os dons são uma faca de dois gumes; eles exigem cuidado e compreensão. Raramente nos ensinam a lidar com eles e a compreendê-los melhor. Este Ponto de Alavancagem lhe dará a chance de revelar ou redescobrir e, principalmente, desenvolver e proteger plenamente o que há de melhor em você.

## 3. SATISFAÇA SUAS NECESSIDADES

Este é um conceito que vai contra a maré. A maioria de nós tenta evitar pessoas necessitadas; temos pavor de ser uma delas. Uma criança diz "Mãe, estou com frio"; se a mãe não tiver um suéter para o filho ou não estiver convencida da necessidade, responde que ele não está com frio, que está bem. Ora, o quanto isto é estranho? E quantas vezes aconteceu com você? E levando-se em consideração todas as famílias desajustadas que existem por aí, é surpreendente ver quantos de nós tivemos bons pais, normais e cuidadosos — e eram eles que nos diziam que não estávamos com frio, com fome, cansados ou com medo! O resultado é que freqüentemente não reconhecemos ou damos a devida atenção a necessidades razoáveis, quando elas são imprevisíveis, malcompreendidas ou inconvenientes. Isto pode causar um dano incalculável em famílias que não sejam estáveis.

## 4. TRATE COM CARINHO E PROTEJA O QUE LHE É VALIOSO

A palavra *valioso* vem de *valor*, uma palavra que se desgastou ao ser empregada em movimentos ideológicos. Na verdade, entenderemos se você revirar os olhos toda vez que ouvir a palavra, não importa qual seja o contexto:

viver pelos valores, valores de família, valores corporativos (e vários outros que fizeram parte de nossas vidas). Nosso objetivo é nos afastarmos da velha palavra, que ficou sobrecarregada com significados demais para que você possa simplesmente definir o que é mais importante para você. Valiosas são as coisas com as quais você se importa e às quais presta atenção, quando não faz diferença o que as outras pessoas pensam. Quando você compreende o que é importante para você — em contraposição ao que é importante em sua cultura corporativa, em sua comunidade religiosa, em seu círculo social ou em sua família —, pode ser surpreendentemente fácil identificar por que algumas escolhas que você fez não parecem corretas mesmo quando possam "parecer" assim. Uma vez que você compreenda isto, pode fazer escolhas que lhe sejam mais adequadas e o ajudarão a alcançar seu Objetivo Principal.

### 5. DESIGNE E REIVINDIQUE SEUS PADRÕES

Sabendo ou não, você tem um "manual de operações" pessoal que inclui um código de conduta. Isto inclui o que consideramos boas maneiras, etiqueta e profissionalismo. O problema, se você tiver mais de 30 anos, é que o código foi escrito há muito tempo e provavelmente está obsoleto. Um padrão normal é o que você espera de si e dos outros. Você utilizará seus padrões atuais para julgar a si e aos outros, então seria melhor que eles fossem informados, de forma precisa, de suas necessidades e do que lhe é valioso. A clareza sobre seus próprios padrões pode trazer um alívio incrível em relação ao juiz sentado em seu ombro fazendo comentários contínuos sobre todos os seus passos.

### 6. ESTABELEÇA E DEFENDA SEUS LIMITES

Salvador Minuchin, pioneiro em terapia familiar, definiu *limites* como "as barreiras invisíveis que protegem a integridade e os direitos do indivíduo". Nós definimos *limites* como "o que as pessoas podem e não podem ser ou fazer quando estão perto de nós". O termo se infiltrou no uso coloquial a partir da psicologia e tem ampla aplicação em relacionamentos pessoais e na educação dos filhos pelos pais. Estendemos a utilidade do conceito a situações no local de trabalho.

Ninguém, não importa que pense que seus limites estão bem protegidos, acerta esta. Por quê? Porque os limites se expandem e se contraem à medida que o mundo se desloca ao nosso redor. É necessário um esforço consciente e constante para compreender e manter nossos limites. Sem eles, pegamo-nos fazendo ou dizendo coisas lamentáveis a pessoas com quem temos de trabalhar ou às pessoas que amamos. A chave para os limites, assim que descobrimos quais são eles, é aprender como articulá-los e agir de maneira que produzam resultados positivos. Requer um pouco de prática e sutileza estabelecer limites sem causar danos aos relacionamentos. Você entenderá as principais razões pelas quais não consegue estabelecer e preservar seus limites, e aprenderá como manter e não perder de vista esses limites à medida que seu ambiente e suas condições mudarem.

### 7. ELIMINE SUAS TOLERÂNCIAS

Seu Ponto de Alavancagem final, um conceito verdadeiramente poderoso, refere-se à tolerância. O falecido Thomas Leonard, principal pensador da indústria de coaching, cunhou o termo na década de 1980. Tolerância é qualquer coisinha que o distrai do que é importante ou consome sua energia. Você tem alguma? Aposto que sim.

Elas ajudam a emperrá-lo tal como bagagem excessiva num aeroporto lotado. Nós o ajudaremos a identificar e eliminar suas tolerâncias. Elas se acumulam na vida de forma tão natural quanto as plantas que crescem, e uma planta no lugar errado é uma erva daninha, certo? Nós mostraremos a você como isso acontece e como utilizar a eliminação de tolerâncias de modo a construir e manter sua qualidade de vida.

# CAPÍTULO DOIS

# A distância entre dois pontos

*O que você realmente deseja?*

Para iniciar o processo de coaching, fazemos uma série de perguntas que parecerão repetitivas para você. A experiência de respondê-las pode parecer uma sensação estranha — até mesmo irritante. Quando um coach o conduz por esse processo de pensamento, ele presta contas de seu dever e não o deixa escapar. Um coach seria paciente e persistente, então você terá de ser assim consigo mesmo. Certifique-se de que tem sete minutos de silêncio ininterrupto, respire fundo e responda a esta pergunta:

O que você mais deseja e que continua a esquivar-se de você?

Próxima pergunta:
Imagine que não importa o que seja, você obtém. E agora? O que isso traz a você que você não tinha antes?

Agora, um grande salto:
Imaginemos qualquer coisa que você não tivesse antes, e que seja sua agora. Agora que a tem, qual é a nova sensação? Como é? Você se vê de maneira diferente agora que a possui? Os outros o vêem de maneira diferente? E a sua vida diária — está substancialmente diferente e melhor?

O que você tem agora que não tinha antes?

Tudo bem. Então, agora que você conseguiu isso, o que tem agora que não tinha antes? E, quanto às conseqüências desta mudança, o que se tornou verdade agora?

Continue a percorrer este processo até conseguir o que mais quer no mundo. Liberdade, segurança, reconhecimento, verdade, paz?

Talvez muitas pessoas, em suas respostas iniciais, digam que desejam riqueza, fama ou poder, ou os três! Mas depois descobrem que a realidade é bem diferente.

É comum acreditar que alcançar certos objetivos materiais trará paz, ou amor, ou algo até menos concreto e definível, como a felicidade. O que você descobriu ao ir fundo no que deseja? O que seria necessário para ir diretamente em busca do estágio final, ou aquele objetivo final, em vez de desperdiçar tempo e energia em objetivos intermediários que você espera que o levarão ao estágio final?

É de crucial importância compreender o propósito e os resultados que você alcançará ao executar os objetivos estabelecidos. A última coisa que qualquer pessoa deseja é chegar ao topo da escada e descobrir que ela foi colocada na parede errada! Muitas pessoas têm intenções e objetivos muito claros e, no entanto, não identificaram com atenção o que todo o trabalho árduo e a determinação que investiram produzirão no final.

Com muita freqüência, as pessoas percebem que os objetivos pelos quais estão lutando vão levá-las a um lugar que não lhes importa muito. Este pode ser um momento chocante de clareza — o ideal é que aconteça cedo e não tarde. A sua vida hoje é resultado das ações que você praticou até agora. Trabalhar em um processo de coaching possibilitará uma imagem mais clara de sua vida e os resultados que ela, no momento, está destinada a produzir. O coaching eficaz permite que você planeje a trajetória de sua vida e determine se está a caminho do local aonde deseja chegar.

> "Se você continuar em sua direção atual, chegará ao lugar para onde está indo."
>
> — ANTIGO PROVÉRBIO CHINÊS

Vamos ser mais específicos sobre o que você deseja criar. Pode ser algo pequeno, tal como "ter um ambiente de paz no trabalho", ou algo enorme, tal como "alimentar as crianças famintas do mundo". Neste ponto, não há nada a ganhar julgando o tamanho ou o escopo do que você deseja atingir. Chamaremos o que deseja criar em sua vida de Objetivo Principal.

## ■ OBJETIVO PRINCIPAL ■

Nesta seção, forneceremos um modelo para que você seja específico sobre seu Objetivo Principal. Faça um plano preliminar de como atingi-lo e identifique as pessoas que o apoiarão ao longo do caminho.

Para realizar qualquer coisa, é preciso conhecer seus objetivos. Isto é muito óbvio? Você ficaria chocado ao descobrir quantas pessoas que se consideram realizadas ficam perplexas com a pergunta "Qual é o seu objetivo?" Isto acontece porque o Objetivo Principal muda com o tempo, e todos se esquecem que eles precisam ser "atualizados" periodicamente. Esta é a sua chance de fazer isso.

Um Objetivo Principal é o objetivo específico e obrigatório em função do qual uma pessoa planeja sua vida. É o estágio final que você está buscando em uma certa fase de sua vida ou de seu negócio. Um Objetivo Principal não é uma visão do seu futuro; é uma meta final concreta: ajuda a concentrar suas ações e seus esforços. Para algumas pessoas, isto pode basear-se em um trabalho ou um objetivo profissional. Outros podem ver seu Objetivo Principal como algo estritamente pessoal que não reflita, necessariamente, uma realização "prática".

 Instantâneo:

Marc sempre foi negociante, desde criança. Aos nove anos, montou um serviço que unia *baby-sitters* e jovens pais, comprava e vendia *skates* usados e negociava as fantasias para a exibição de outono de suas irmãs atrizes. Ele encontrava compradores para os que queriam vender, combinando a oferta com a procura. Conseguia farejar um negócio a dez quilômetros de distância e, ao agarrá-lo, podia fazer com que todas as partes se sentissem como se tivessem tirado a sorte grande.

No dia em que se tornou sócio de uma importante firma de advocacia do setor imobiliário da cidade, levou sua esposa, linda e divertida (e mãe de seus dois filhos) para jantar no lugar mais badalado do momento. Sabia que champanhe pedir e fizeram um brinde a esta grande vitória das suas vidas. Marc tinha tudo: família, um trabalho que amava, excelente reputação como homem de negócios, o todo-poderoso. Mas estava cansado.

— Estou cansado, querida — declarou.

Ele viu a sobrancelha de sua esposa se levantar.

— O que quer dizer? Pode relaxar agora; você conseguiu! — disse radiante a esposa.

— É aí que você se engana. Só vai piorar daqui para a frente. Agora é o meu nome que está na porta; sou eu que vou ter de tirar todos do grande buraco em que McCormack nos meteu há dois anos. Além disso, três pessoas precisam ser dispensadas, e agora este problema é meu; sou eu que terei de demiti-las. E o pior é que não vou conseguir fazer muitas das coisas divertidas que adoro. Ah, e a notícia realmente ruim é que o passeio anual ao lago não vai acontecer desta vez.

Nathalie, então, ficou genuinamente preocupada.

— Mas o que é isso? Aquele mês que passamos no lago não era o que importava? Não era o que você queria? Estou perdida, Marc.

— É o que eu achava que queria; mas o que eu realmente queria era vencer. Isso era muito importante; eu não percebi o quanto até que realmente consegui. Mas agora o que eu realmente quero é o emprego dos sujeitos para quem trabalho, e quero fazer isso a partir do lago com você e as crianças.

Nathalie jogou a cabeça para trás e riu um pouco alto demais para o ambiente do restaurante, uma característica sua de que ele sempre gostou.

— Ora, honestamente, seu maníaco, você sempre teve inveja daqueles caras. Você simplesmente odeia que eles o chamem de "garoto do cartão de ponto". Está acabado agora. Você é um dos mandachuvas.

— Falando sério, Nathalie, estou cansado de ver meus clientes fecharem negócios de vários milhões de dólares, negócios que foram idéia minha, negócios que eu deveria estar fazendo acontecer para nós — você, eu e as crianças. Também estou cansado de perder todos os jogos de beisebol e as competições de patinação. Ouça minhas duas novas palavras favoritas: renda passiva. Peguei minha maçã na grande firma de advocacia. Agora, quero fazer meus próprios negócios.

— Tudo bem. Vá fazer alguns negócios então, querido.

Ela ficou em silêncio por um minuto e depois olhou para cima.

— Podemos realmente viver no lago?

Descobrimos que muitas pessoas têm passado anos seguindo uma carreira que não irá levá-las na direção do seu verdadeiro objetivo de vida. Bons cidadãos corporativos que são contribuintes individuais, gerentes e líderes seniores freqüentemente passam muito pouco tempo refletindo sobre seu Objetivo Principal. Membros de organizações raramente consideram a meta que estão tentando atingir porque se ocupam demais focando suas aspirações nos cargos que cobiçam. Dizemos isso porque temos visto muitos clientes arrasados quando, após terem vivido em prol de uma carreira, alguns por mais de 25 anos, chegam ao fim e descobrem que estavam errados sobre quais eram seus objetivos verdadeiros. Como Lily Tomlin disse: "O problema com a corrida enlouquecida pelo sucesso é que, mesmo que você ganhe, continua sendo um louco." Pouquíssimas coisas são mais dolorosas do que descobrir que toda a sua carreira trouxe você a um lugar insatisfatório. Isto acontece não porque as aspirações que você teve pela liderança sênior não tenham valido a pena, mas porque a realidade da vida no nível de um executivo sênior é freqüentemente bem diferente do que você imaginou.

Os empresários que assumem riscos, aqueles que alçam vôo solo, têm, com mais freqüência, o Objetivo Principal claro no começo. No entanto, na competição renhida da criação constante, podem perdê-lo de vista ao longo dos anos.

Entre os exemplos de Objetivos Principais que descobrimos, estão:

*Quero me aposentar aos 50 e jogar golfe dia sim, dia não.*
*Quero pagar a hipoteca da casa até os 45 anos.*
*Quero economizar o necessário para a universidade dos meus dois filhos antes de eles entrarem para o ensino médio.*

Você já tem idéia de qual é seu Objetivo Principal? Tudo bem se ainda não estiver muito concreto. Responder às perguntas a seguir o ajudará a concentrar-se nele.

- Pelo que você é apaixonado? O que prende seu interesse, mesmo quando está ocupado ou exausto?
- Em que tarefa você é tão bom que nem parece trabalho para você?
- O que é crucial para o seu bem-estar? Por exemplo, estar ao ar livre, estar em um ambiente acelerado, viajando. (Veja o Capítulo 6, Satisfaça Suas Necessidades, para obter mais informação sobre isso.)
- A atividade em que você é bom tem valor comercial? Se for o caso, você está no momento alavancando isso?
- Se, aparentemente, ela não tem valor comercial, você está disposto a se apertar e ser criativo e empreendedor, a fim de encontrar uma maneira de criar um mercado para ela? (Você sabia que o sujeito que descobriu como transportar gelo para climas quentes primeiro criou uma demanda da mercadoria?)
- O que você quer que as pessoas digam no dia de seu enterro?
- O que você está disposto a arriscar, ou do que está disposto a abdicar completamente, para realizar o seu sonho?

■ Se pudesse agitar uma varinha mágica e alcançar seu sonho agora, como seria sua vida? Qual seria a sensação?

Este é o momento de plantar uma estaca no chão estabelecendo seu Objetivo Principal de forma escrita. Não se preocupe se não estiver perfeito — ninguém está marcando os pontos e você pode sempre voltar e ajustá-lo, à medida que consegue ter *insights* ao longo de sua jornada de coaching.

Meu Objetivo Principal é...

## ■ QUAL É O PLANO? ■

Como você ajustou sua vida de forma a atingir seu Objetivo Principal? O que deve realizar para atingir seu Objetivo Principal? Que pequenos marcos você deve atingir ao longo do caminho? Estas perguntas freqüentemente produzem respostas simples, porém assustadoras. Suas ações diárias, semanais, mensais e anuais o estão conduzindo a um caminho que o levará até onde você deseja?

Pessoas próximas à meia-idade e que estão pensando em fazer mais uma graduação costumam dizer: "Mas estarei velho demais quando o curso acabar." É verdade, e a resposta para isso sempre é: daqui a cinco anos, você estará cinco anos mais velho, não importa o que faça, mas reflita sobre o fato de que pode estar cinco anos mais velho com ou sem uma graduação. A fim de atingir um Objetivo Principal — aposentar-se aos 60 e mudar-se para uma casa na praia —, você deve economizar o suficiente para poder parar de trabalhar e mudar-se para lá. E se está realmente falando em se aposentar, deve começar a se preparar para este Objetivo Principal bem antes de entrar na casa dos 50. A esperança não é uma ferramenta eficaz para atingir o Objetivo Principal, mas o *planejamento* é.

Aprendemos muito com um amigo nosso chamado Paul, um headhunter bem-sucedido no setor hoteleiro. Paul viu de tudo em seus anos como headhunter. Ouviu mais histórias do que imaginava suportar de candidatos a empregos que querem um salário maior e mais desafios. A maioria dos candidatos não vê o que ele, em sua posição, consegue perceber. Para ele, essas pessoas têm sorte de ter os empregos que têm e certamente não demonstraram o que é necessário para conquistar os cargos mais altos e lucrativos que almejam.

Um dia, Paul interrompeu um candidato no meio da frase e disse: "Deixe-me dizer o que vejo neste currículo. Eu o coloquei em seus dois últimos cargos e, se fosse projetar o futuro da sua carreira baseado no que vejo nos últimos dez anos, o quadro não é dos melhores. Você diz que quer ganhar mais dinheiro e ter maior responsabilidade. No entanto, seus registros indicam que, como muitos outros cozinheiros-chefe, você tem problema de relacionamento com as pessoas. Quase toda vez em que nos sentamos e conversamos sobre aonde deseja chegar em seu trabalho, acabamos conversando sobre como você não conseguiu se relacionar com o cozinheiro executivo, o gerente de comida e bebidas, ou outra pessoa no local de trabalho. É sempre culpa do outro. Quando olho para o seu currículo e ouço a sua história, posso ver exatamente como será a sua carreira. Aqui está o rumo que sua carreira tomará: você continuará a mudar de emprego todo ano ou de dois em dois anos e, muito provavelmente, se tornará um assistente de cozinha amargo e frustrado que parece nunca encontrar o sucesso como cozinheiro executivo."

O candidato ficou chocado. Paul percebeu que tinha passado dos limites, mas, por alguma razão, o sujeito não se levantou para ir embora. Em vez disso, ficou ali sentado, incrédulo, diante do que tinha ouvido. Finalmente, perguntou: "Minha carreira é tão previsível assim?"

Paul respirou fundo e disse: "É. Entrevisto centenas de candidatos por ano e posso claramente prever o desfecho de suas carreiras apenas examinando seus currículos. É claro que, se não quiser que sua carreira termine em desilusão, talvez devêssemos conversar sobre o que pode fazer de diferente em seu próximo emprego para ter certeza de que não estará sentado aqui novamente dentro de dois anos."

A partir daquele momento, Paul mudou a maneira como conduzia sua prática de headhunting. Ele agora se senta com seus novos candidatos e pede que eles olhem para seus currículos, planejem sua trajetória atual e decidam se é o caminho correto para eles. Na verdade, Paul os está treinando para identificar os obstáculos que eles mesmos criaram e que os impedem de alcançar o Objetivo Principal.

Que atitudes você poderia tomar agora que não lhe ocorreram antes?

---

Um homem — um verdadeiro crente — está de joelhos em desespero, implorando: — Deus, minha amada, minha querida, ela precisa de remédios, e eu não tenho dinheiro. Por favor, Deus, por favor, deixe-me ganhar na loteria.

Na semana seguinte, novamente de joelhos: — Deus, meu Deus, o empréstimo venceu e eu não tenho o dinheiro. Por favor, estou implorando de joelhos. Por favor, deixe-me ganhar na loteria.

O homem reza e reza, sem obter resultado. Fica cada vez mais frustrado e com raiva de Deus por não lhe atender às preces. Mais uma vez, uma semana depois, lá está ele de volta: — Deus, por favor, ouça-me. Estou desesperado, por favor; por favor, deixe-me ganhar na...

Uma voz do alto, impaciente, retumbante, o interrompe: — Filho, ajude-me: compre um bilhete.

---

## ■ NÓS PLANEJAMOS, DEUS RI ■

É verdade. A maioria dos planos de curto e longo prazos não funcionou do jeito que pensamos que funcionaria. Não vimos um único plano que funcionasse... perfeitamente, quero dizer. Há vários anos, Ken Blanchard tem dito que a vida é o que acontece enquanto estamos fazendo outros planos.

Isto significa que não devemos fazer planos? De jeito nenhum. Um bom planejamento é crucial para atingir nossos objetivos na vida. É realmente importante manter uma perspectiva realista no que se refere ao planejamento. As pessoas mais bem-sucedidas que já conhecemos têm a capacidade de comprometer-se por inteiro com seus planos e, no entanto, manter-se flexíveis o bastante para aceitar certas realidades quando elas ocorrem. Se você estabelecer uma meta, acabará atingindo algo próximo ou melhor do que havia planejado. Alguns investem tempo e energia ao elaborar planos bem calculados para atingir seus objetivos, enquanto outros estabelecem um planejamento mínimo e depois se lançam à ação. Independentemente da abordagem, em planejamento extensivo ou superficial, um bom plano inclui um objetivo definido e ações claras, específicas e tangíveis a serem tomadas.

A ação nos fornece feedback importante, que nos diz se nossas ações e nossa abordagem nos ajudarão a alcançar nosso Objetivo Principal ou não. Ação produz ação; o maior erro que muitas pessoas cometem é não fazer nada. Elas estão sempre "se preparando" para agir de maneira diferente, trilhar novos caminhos, ir em busca de algo significativo. Mas planejar, ou simplesmente manter-se preparado, não conta tanto quanto colocar o plano em ação. Somente a ação cria movimento e, se você não está se movendo, está parado no mesmo lugar. Pelo que sabemos, intenção ou pensamento nunca tirou ninguém do lugar.

Quando agimos, obtemos informações e mensagens. Um pouco de informação é bom sinal, como em "Vá em frente, você está no caminho certo, isto produzirá o que você está buscando". A má notícia chega em duas categorias: problemas e obstáculos insuperáveis. Infelizmente, é difícil distinguir os problemas dos obstáculos insuperáveis. É aí que é importante ser claro sobre suas necessidades e o que lhe é valioso, uma vez que conhecer tais coisas o ajudará a fazer a distinção entre os problemas que pode resolver, os riscos que está disposto a correr e o que está disposto ou não a abandonar. Os seres humanos são extraordinariamente flexíveis, e se o Objetivo Principal for atraente o bastante, eles suportarão a privação e o sofrimento.

Como você sabe se as ações que está planejando são as ações corretas? Na verdade, não sabe. Você pode fazer o seu trabalho de casa, conversar com pessoas bem-sucedidas que atingiram o que você está buscando, ler sobre o assunto, mas, no final, estará fazendo conjecturas baseadas em informações.

Uma maneira de refinar suas conjecturas é criar um plano de trás para frente. Madeleine aprendeu tal técnica com seu primeiro coach, um líder do pensamento da indústria, Henry Kimsey-House.

A premissa bem simples do planejamento ao inverso é que você define o Objetivo Principal, ou um grande objetivo que o levará em direção ao Objetivo Principal, e estipula uma data para ele. Como Henry disse: "Um objetivo sem data é um sonho." Depois, você precisa calcular a penúltima coisa que precisa acontecer antes de realizar seu objetivo e o prazo para isso. Depois, pergunte-se o que precisaria acontecer antes disso. E antes ainda disso?

Aqui está um exemplo de um plano de trás para frente:

Objetivo: Até (daqui a três para cinco anos, com data exata) estarei advogando numa firma de advocacia.

Seis meses antes terei me formado na Faculdade de Direito.

No verão de (um ano antes), estarei empregado como estagiário de verão na firma Jones, Smith & Everyman Law.

Até janeiro (ou seis meses antes), terei conseguido um estágio em uma firma de advocacia que atenda a critérios específicos.

A partir de (seis meses antes), estarei entre os primeiros 25% da minha turma no primeiro ano da Faculdade de Direito.

Até a primavera de (um ano antes), terei sido aceito por uma Faculdade de Direito de prestígio.

Até o outono (seis meses antes), terei feito o teste LSAT e tirado 80% ou mais.

Começa-se com um Objetivo Principal claro e tangível: estar advogando. A lógica necessária para fazer um planejamento para trás é começar com o fim em mente e depois se fazer a seguinte pergunta: Para realizar meu objetivo, o que deve acontecer? E então o processo prossegue até chegar ao presente.

O planejamento para trás é uma ferramenta simples que pouquíssimas pessoas conhecem e utilizam.

Agora que você tem um Objetivo Principal claro e os primeiros passos do seu plano para chegar lá, poderá realmente dar início a seu processo de coaching. Dizemos "os primeiros passos" porque seu plano se alterará à medida que começar a agir e acumular informações. Pelo menos agora você tem uma imagem clara de para onde está indo — base essencial para atingir o que deseja. No entanto, a vida é uma jornada que deve ser vivida dia após dia. Por essa razão, nosso processo agora mudará de marcha, passando do abstrato e do futuro para o concreto e o presente. Embora empenhar-se em coisas no futuro nos dê direção, nossas ações diárias são as únicas coisas que realmente conseguimos controlar.

Para ajudá-lo a ter uma noção mais clara do seu dia-a-dia, complete uma auto-avaliação, o Scrubdown, na página 46. Os coaches têm usado

## Meu plano de trás para a frente

Até _____ terei atingido _____.
          (data)                                          (Objetivo Principal)
Antes disso, em _____ precisarei ter feito _____
                   (data)                                    (fato)
_____.

E, antes que isso possa acontecer, até _____ (data), precisarei
                                         (data)
ter realizado _____.
                              (fato)
Para possibilitar o próximo passo, até _____ precisarei ter
                                         (data)
_____ no lugar.
                   (fato)
Até _____ terei feito _____
      (data)                                 (fato)
_____.

Até _____ terei feito _____
      (data)                                 (fato)
_____.

Hoje (ou amanhã) eu _____.
                                     (fato)

esse método de auto-avaliação por mais de uma década. Basta responder *verdadeiro* ou *falso* para cada afirmação. Se a afirmação se aplica a você, circule o V para *verdadeiro*. Se não tiver certeza, pergunte-se: "Isto é verdadeiro 80% do tempo?" Se a resposta for sim, prossiga e circule o V. Você tem tudo a ganhar e nada a perder sendo extremamente honesto consigo mesmo. Muitas pessoas bem-sucedidas apresentam no início um total surpreendentemente baixo de respostas *verdadeiras*.

Para ser verdadeiramente honesto consigo mesmo, você precisa lembrar-se da primeira exigência ao criar seu ambiente de coaching pessoal. Talvez você tenha se esquecido, mas preste atenção: *você é a soma perfeita de tudo o que lhe aconteceu até o presente momento*. Algumas escolhas foram boas e sensatas, outras foram feitas sem informação suficiente e algumas simplesmente foram feitas à revelia. Tudo isto é simplesmente passado agora. O intuito do Scrubdown é dar-lhe informação e *feedback* sobre as escolhas que você fez até agora e fornecer-lhe algumas áreas potenciais de foco para seguir adiante. Você descobrirá algumas coisas que desejará começar a fazer, algumas que desejará parar de fazer e outras a que desejará dar prosseguimento. O Scrubdown fornece clareza sobre o que você deseja alavancar na sua vida e do que pode se livrar.

A chave para atingir mais qualidade de vida é aprender como evitar toda a besteira previsível e erguer barreiras contra o resto. Ninguém consegue prever um desastre ocasional, mas não seria bom saber que, se você terminasse no hospital, alguém ajudaria a tomar conta de seus filhos, da sua casa, do seu cachorro, do seu trabalho? Em vez de viver em um castelo de cartas que pode desmoronar com a mais leve brisa, você precisa de uma casa de tijolos sólida, que resista ao vento forte.

Pela Internet, é possível acessar a página www.leverageyourbest.com e seguir as instruções lá apresentadas. No Scrubdown na Internet, a pontuação será automática à medida que as respostas forem apresentadas. Em questão de minutos, você receberá o resultado.

## O Scrubdown

1. Estou ciente de como as pessoas com quem trabalho me vêem ........................... V / F
2. Sei a quem recorrer sobre cada assunto. ........................................ V / F
3. Eu recuo e faço uma reavaliação quando me sinto sobrecarregado .................. V / F
4. Não fico atormentado por coisas que sei que não importam ........................... V / F
5. Descobri uma maneira de utilizar o melhor de mim no que faço todos os dias..... V / F
6. Sei quando estou esperando demais de mim mesmo........................... V / F
7. Não perco tempo com pessoas de quem não gosto .......................... V / F
8. Não perco tempo por causa de itens perdidos, falta de equipamento ou má
   organização ...................................................... V / F
9. Minha auto-imagem não muda de forma drástica em ambientes diferentes ......... V / F
10. Se tenho um problema ou uma reclamação, falo com a pessoa mais indicada
    rapidamente ..................................................... V / F
11. Sei quando estou ficando estressado demais ................................ V / F
12. Sei o que é mais importante para mim........................... V / F
13. Não cobiço o que os outros possuem............................ V / F
14. Não me ressinto de minhas próprias regras ......................... V / F
15. Raramente chego atrasado ............................................ V / F
16. Sei o que preciso fazer para parecer "bem preparado" e isto requer pouco
    esforço mental..................................................... V / F
17. Tenho feedback consistente de pessoas importantes em minha vida .................. V / F
18. Domino a arte de construir relacionamentos............................ V / F
19. Sei como pedir o que necessito de forma apropriada........................... V / F
20. Cerco-me de coisas que me dão alegria .......................... V / F
21. Sinto-me confortável ao reconhecer meus atributos mais fortes ...................... V / F
22. Atingi um nível confortável em minha lista de "coisas a fazer" .................... V / F
23. Falo o que penso com sinceridade..................................... V / F
24. Estou em paz em meu lar/escritório................................... V / F
25. Sei como me relacionar com as pessoas e como deixá-las à vontade .................. V / F
26. Aproveito o melhor das pessoas ...................................... V / F
27. Tenho todo o amor e apreço de que necessito .......................... V / F
28. Cerco-me de pessoas com as quais me importo ........................ V / F
29. Sei em que sou muito bom ............................................ V / F
30. Não perco o sono com quaisquer promessas que tenha feito........................ V / F
31. Digo "não" sem culpa quando tenho de dizer ......................... V / F
32. Sinto-me confortável com a aparência e a sensação de meu corpo ..................... V / F
33. Sei o que posso esperar de mim mesmo........................... V / F
34. Expresso interesse pelos outros ...................................... V / F
35. As pessoas importantes de minha vida me tratam como desejo ser tratado......... V / F
36. Sei o que revela o melhor de mim.................................... V / F
37. Nunca finjo ser menos inteligente/educado do que sou ........................ V / F
38. Sei que promessas fiz e tenho um plano para cumprir todas elas.................. V / F
39. Descanso e relaxo o suficiente........................................ V / F
40. Possuo um sistema de gerenciamento de tempo e de tarefas que funciona para
    mim................................................................ V / F

## ■ CARTÃO DE RESPOSTAS ■

A interpretação do Scrubdown é realizada de duas formas diferentes. A primeira é item por item. Para fazer isso, basta partir da seguinte pergunta:

Escolhendo uma ou duas respostas *falsas*, qual(quais) você realmente queria que fosse(m) *verdadeira(s)*?

Talvez você descubra que os itens individuais do Scrubdown indicam lacunas em sua vida com as quais você não está satisfeito. Por exemplo, e se você respondeu *falso* à afirmação "Não perco tempo com pessoas de quem não gosto"? Talvez isso faça você perceber que o seu emprego atual exige que você passe tempo com pessoas negativas, e isto não é aceitável. Em um instante, você perceberá que a vida é curta demais para odiar seu emprego e que agora pode ser um excelente momento para começar de verdade a fazer algo para arrumar um emprego novo, uma nova carreira, voltar a estudar ou simplesmente fazer uma mudança no ambiente, tal como estabelecer alguns limites.

A segunda maneira de utilizar o Scrubdown é descobrir o modelo mais amplo advindo de suas respostas. Para fazer isso, percorra o questionário e

| 1 | 2 | 5 | 3 | 4 | 6 | 7 | 8 | |
|---|---|---|---|---|---|---|---|---|
| 9 | 10 | 13 | 11 | 12 | 14 | 15 | 16 | |
| 17 | 18 | 21 | 19 | 20 | 22 | 23 | 24 | |
| 25 | 26 | 29 | 27 | 28 | 30 | 31 | 32 | |
| 33 | 34 | 37 | 35 | 36 | 38 | 39 | 40 | |
| | | | | | | | | **Total** |
| A | B | C | D | E | F | G | H | |

circule os números das afirmações que foram *falsas* na tabela na página anterior. Quando tiver terminado, some o total de círculos em cada coluna vertical e coloque o número total na caixa.

## ■ DETERMINE SEU PONTO DE PARTIDA ■

Os pontos em cada coluna indicam os Pontos de Alavancagem que podem lhe trazer benefício de maneira mais rápida. Embora dispostos em seqüência, os próximos capítulos podem não estar na ordem de maior importância para *você* hoje. Para uns, pode fazer bastante sentido enfocar os Pontos de Alavancagem na ordem; para você, talvez faça sentido começar por um capítulo posterior primeiro. Por exemplo, muitos clientes que recorrem ao coaching se beneficiam imediatamente da eliminação das tolerâncias em suas vidas. O seu ambiente físico (carro, escritório, casa, relacionamentos) é uma bagunça tão grande que eles não conseguirão se concentrar no longo prazo até que limpem suas mesas, literalmente.

Outros clientes recorrem ao coaching sentindo-se razoavelmente organizados, porém necessitam ganhar mais clareza sobre o que estão realmente tentando alcançar na vida. Você pode começar com o todo e trilhar seu caminho para dentro, em direção aos detalhes do dia-a-dia, ou percorrer o caminho inverso. Você depende inteiramente do seu objetivo para que se movimente mais rapidamente. Conquiste uma vitória antecipada que o vai inspirar a prosseguir em sua jornada de coaching — vá até o Ponto de Alavancagem que o ajudará a fazer isso.

Inicie com a área onde circulou a maioria dos números. Se houver um empate ou um empate em três áreas, então leia e trabalhe esses capítulos em ordem. Se tiver tão poucos circulados que não saiba por onde começar, parabéns! Você deveria concentrar-se nas duas perguntas que escreveu na página 47. Localize os números na tabela e a letra da coluna lhe dirá a qual capítulo deve se dirigir.

### A = CAPÍTULO TRÊS: TRÊS PERSPECTIVAS

Se você tem dificuldade em compreender o impacto que exerce sobre as pessoas e a maneira como é percebido, este capítulo lhe fará as perguntas certas. Você aprenderá como prestar mais atenção a fatos normais em seu ambiente, situações que talvez agora você considere certas.

### B = CAPÍTULO QUATRO: DOMINE SEU UNIVERSO

Este capítulo ajudará a esclarecer o objetivo que está tentando alcançar, onde irá alcançá-lo e o quanto os outros são importantes para o seu sucesso.

### C = CAPÍTULO CINCO: ADMINISTRE SEUS DONS

Você pode estar pensando que é tarde demais para reconhecer o que o torna excepcional. Não é.

### D = CAPÍTULO SEIS: SATISFAÇA SUAS NECESSIDADES

Está na hora de parar de bancar o super-herói. Você é humano, simplesmente, e pode utilizar este capítulo para descobrir como aceitar melhor essa realidade decepcionante.

### E = CAPÍTULO SETE: TRATE COM CARINHO E PROTEJA
### O QUE LHE É VALIOSO

Talvez você tenha ignorado o que é mais vital para você por muito tempo. É hora de reconhecer e buscar o que o aproximará mais daquilo que mais importa para você.

### F = CAPÍTULO OITO: DESIGNE E REIVINDIQUE SEUS PADRÕES

Você sabe que o que pensa é importante. Agora é hora de tomar uma posição firme e estabelecer seu próprio conjunto de regras. Com um código de conduta próprio definido, suas decisões e escolhas acontecem muito mais facilmente.

### G = CAPÍTULO NOVE: ESTABELEÇA E DEFENDA SEUS LIMITES

Ninguém jamais pisará em você ou se aproveitará de você novamente, porque você saberá como colocar um ponto final nisso. Que alívio!

### H = CAPÍTULO DEZ: ELIMINE SUAS TOLERÂNCIAS

Talvez você esteja suportando situações elementares demais. Cuide apenas de alguns detalhes. Isto lhe proporcionará bem-estar e energia para que se concentre no que é realmente importante.

Se estiver em dúvida, comece pelo ponto inicial e siga adiante, ou comece pelo final e percorra um caminho aleatório. Confie em si mesmo para saber o que é melhor, e é só começar.

# Três perspectivas

*... e uma pergunta realmente boa*

C omo você se vê?
Como os outros o vêem?
Como deseja ser visto?
E agora?

As Três Perspectivas são perguntas que individualmente levam a *insights* importantes e, juntas, fornecem uma visão de 360 graus de você em seu ambiente. Elas fornecem uma estrutura de referência para todas as conversas que você tem consigo mesmo sobre como está se saindo no mundo. Elas fornecem um jeito de ganhar um pouco de perspectiva de maneira lógica.

Quando você começa a trabalhar com as Três Perspectivas, a primeira coisa com a qual lidará é o trabalho *pelo avesso* — Como me vejo? Com esta pergunta, você examina e se livra da bagagem em disfunção de velhos pontos de vista ou versões de si mesmo que permanecem superimpositivas sobre o que você é hoje. Depois, você trabalhará em uma perspectiva *de fora para dentro* — Como os outros me vêem? Nós lhe damos as ferramentas para obter dados precisos para responder a esta pergunta, incluindo feedback das outras.

Assim que tiver um pouco de clareza sobre as duas primeiras perguntas, passaremos para um território mais complexo — Como desejo ser visto? Com esta pergunta, todo o comportamento mal orientado em que se envolve

("Quem? Eu?"), que faz com que pergunte "Por que *fiz* isso?", se tornará claro. A quantidade de tempo desperdiçado e o comportamento ineficaz que esta pergunta revela é algo estarrecedor. Com todo o tempo e toda a energia que é liberada com a eliminação de tal comportamento, você pode então passar a uma pergunta referente à *escolha* e à *ação: E agora?*

## Instantâneo:

Frank é vice-presidente sênior de vendas de uma grande e lucrativa unidade de negócios de uma empresa de mídia onde trabalha há 15 anos. Há cinco anos, a empresa fundiu-se com outra maior, do mesmo ramo, e ele está se orientando nas diferenças desde então. Nada deixa Frank mais feliz que ver sua equipe vencer. Ele é o tipo de sujeito que pendura cartazes sobre determinação e persistência porque realmente acredita nisso. Frank tem orgulho do que alcançou: seu título, seu salário e suas opções de ações, seu casamento de 17 anos. Quando Frank caminha pelos corredores, sua presença é anunciada pela onda de pura energia que precede sua passagem. Raramente é visto sentado numa cadeira: está sempre ativo, cheio de disposição. Mas, de repente, estava questionando-se sobre como pular o abismo entre a gerência sênior de uma unidade de negócios e o grupo executivo da empresa. Para ele, o grupo executivo representava um tanque de tubarões cheio de mestres da política.

Frank orgulhava-se da visão que tinha de si, e sua resposta à pergunta "Como você se vê?" mostrou que ele se via como um "garoto bom e forte do meio-oeste", honesto, franco e ingênuo, não alguém que pudesse obter êxito nesse meio mais complexo e perigoso. No entanto, com a pergunta "Como os outros o vêem?", descobriu que aqueles que se reportavam a ele o viam de maneira diferente. Viam-no como seu salvador — alguém que tinha conseguido lidar com os superiores de maneira tão hábil que pavimentou o caminho para o enorme sucesso de sua unidade. Seus empregados também o viam como durão, astuto e capaz de liderar a empresa no mais alto nível. Descobrir isso abriu seus olhos de modo considerável, e Frank começou a expandir sua visão sobre si mesmo.

Precisava agora se fazer a pergunta "Como desejo ser visto?". Isto representava um obstáculo para atingir seu objetivo de causar um impacto maior na empresa? Reviu sua opinião a seu respeito e o quanto estava atrelado em fazer com que os outros o vissem da mesma maneira. Examinou como teria de alterar isto a fim de mostrar-se como um verdadeiro líder em níveis superiores.

Só havia um problema, mas era algo substancial. Não conseguia encontrar ninguém no grupo da gerência superior que combinasse com seu conceito de líder. Quanto mais perto Frank chegava do escalão superior da gerência, mais achava que estava enganado. Não importava o quanto tentasse, ele simplesmente não parecia se encaixar.

No final, mudou seu objetivo. Não conseguiu encontrar uma maneira de ser quem ele precisava ser, e ainda fazer-se aceito no nível superior da empresa. Ele simplesmente estava atrelado demais à idéia de que era visto pelos outros da maneira que via a si próprio. Então, deslocou o foco para ser o melhor líder possível para as pessoas que trabalhavam para ele no momento, em vez de ser um figurão. Nesse ínterim, buscou uma empresa com liderança sênior que ele respeitasse. Agora, é vice-presidente de vendas mundiais de uma empresa rival e, embora sinta falta de seu velho pessoal, sabe que aterrissou no lugar certo.

O exame profundo que Frank fez das Três Perspectivas revelou-se uma ferramenta inestimável para descobrir como ele precisava pensar para chegar aonde queria. Conseguiu avaliar suas escolhas e decidir seguir adiante de uma maneira que se adequasse a ele, em vez de tentar transformar-se em alguém que não era e não podia ser.

As Três Perspectivas nos dão oportunidade de fazer escolhas que sejam coerentes com o que estamos tentando atingir na vida, em nível pessoal e profissional. Nós o convidamos a aprofundar-se nas Três Perspectivas neste capítulo, a dar uma olhada em si mesmo com outros olhos. Talvez você não goste de tudo o que vê, mas temos certeza de que este trabalho possibilitará que melhore imediatamente sua eficácia em todas as áreas de sua vida.

 ## Instantâneo:

Simon está sentado à mesa de conferência com a cabeça inclinada. Na verdade, tenta impedir que a cabeça exploda. Sabe que não é fisicamente possível que sua cabeça exploda, mas isto não impede que se sinta como se isto pudesse acontecer de alguma maneira. As mãos estão entrelaçadas atrás do pescoço, de modo que parece que ele está literalmente agarrando-se à cabeça. Simon é esperto — sua namorada diz, rindo, que ele é "esperto demais para viver", e às vezes ele acha que isto é realmente verdade. Seu QI alto, combinado com uma personalidade irritadiça, o colocou em situações difíceis em todos os empregos que teve. Está sempre certo e é unanimemente odiado por isso no local de trabalho, o que o está extenuando.

Os colegas — sua equipe e a equipe do cliente — estão à sua volta. Todos os olhos estão sobre ele. Sabe que a decisão que eles tomaram é tola e equivocada e que exatamente dentro de nove meses alguém será despedido por causa dela. Se não for ele, terá o mesmo sentimento inacreditável de frustração de "Eu te disse" e, mesmo que não consiga resistir à tentação de dizer em alto e bom som, todos saberão que é o que ele está pensando e o desprezarão de qualquer maneira.

À medida que Simon abaixa as mãos, levanta a cabeça e começa a falar, sabe que o que está fazendo só o machucará. Na verdade, pode sentir uma parte de si mesmo assistindo à cena de um canto no teto. Esta sua parte está balançando a cabeça e dizendo "Você está atirando no próprio pé, Simon". Apesar de plenamente consciente de que deveria ficar calado, Simon sente sua boca abrir. Despeja a verdade como a vê, uma corrente de invectivas contra a injustiça e a ineficiência dos sistemas e contra a incompetência de várias pessoas. Consegue sentir os rostos à sua volta se enrijecerem e as coisas piorarem muito enquanto fala.

"Alguém pode controlar os impulsos?", ele pensa. Tenho de achar um jeito de nunca fazer isto novamente.

S imon tinha razão, mas a que custo?
Tinha a capacidade de escolher ações que podiam ajudá-lo a atingir seu objetivo final. Podia escolher como ia se comportar. No entanto, neste momento, estava simplesmente cedendo à necessidade de ter razão.

Simon é um bom exemplo de como representamos nossas vidas todos os dias. Tentamos empregar as ações mais eficazes que nos tragam o maior retorno por nossos esforços. Queremos criar as relações mais eficazes e gratificantes com os outros com um mínimo de sofrimento, estresse e confusão. Para alcançar isto, bem que poderíamos conduzir nossas vidas do jeito como fazem os atores e líderes competentes. Os julgamentos e as reações dos outros são verdadeiros e importantes para nosso sucesso. Ações eficazes e modos de ser no mundo são influenciados e conduzidos pelas Três Perspectivas:

1. Como nos vemos — nossa auto-imagem e nossa intenção
2. Como os outros nos vêem e nos percebem
3. Como queremos ser vistos, ou como queremos aparecer no mundo (consciente e inconscientemente)

*No final das contas, somos responsáveis pelo modo como vivemos nossas vidas e os resultados que atingimos.*

As Três Perspectivas nos ajudam a compreender em detalhes como lidar com o mundo — e depois nos ajudam a prosseguir para criar o que desejamos.

O bom coaching emprega conceitos importantes da psicologia comportamental, da antropologia, do desenvolvimento gerencial e de liderança, da filosofia e das artes. A experiência de Madeleine com o teatro clássico lhe trouxe um ponto de vista potencialmente útil. Os atores constroem seus personagens de duas maneiras diferentes: de fora para dentro e de dentro para fora. Alguns atores trabalham melhor de fora para dentro: partem do figurino, das características físicas e da voz do personagem, deslocando-se para dentro, uma camada de cada vez, até sentirem a alma do personagem que criaram. Outros começam a partir da essência do personagem, primeiro abraçando e estabelecendo ligação com sua luta e sua paixão, depois adicionando camadas até criarem a forma externa do personagem. De um modo ou de outro, o desenvolvimento do personagem refere-se a tomar decisões e fazer escolhas claras sobre quem você é e o que deseja realizar.

Faça como os grandes fazem: comprometa-se com esse personagem; faça escolhas extremamente específicas e depois comprometa-se com elas de forma plena. Os atores têm a oportunidade única de ensaiar suas escolhas e fazer alterações se não "lerem" o personagem — o que quer dizer que as pessoas não "captam" o que eles estão tentando retratar. Os atores podem representar que estão doentes, mas, se ninguém compreende o que estão tentando passar, não adianta.

Para líderes ou membros de equipes, também é importante que se entenda a platéia, para obter a reação desejada. Com freqüência demasiada, as pessoas não conseguem surtir a reação desejada em quem é importante em suas vidas. Ser capaz de ler os outros e utilizar esta informação para construir relações fortes é algo crucial. Se os chefes não conseguem estabelecer relações fortes com seus subordinados diretos, não terão o foco e o apoio necessários para obter êxito como departamento, equipe ou unidade de negócio. Uma pesquisa realizada por Marcus Buckingham e Curt Coffman em *Primeiro, quebre todas as regras* (Campus, 1999) mostra claramente que o indicador número 1 de satisfação no trabalho é a qualidade do relacionamento entre o empregado e seu gerente. Quando os empregados têm um relacionamento ruim com o gerente, que comprometimento vocês acham que eles terão para ajudar o gerente a alcançar o sucesso?

Ninguém *tenta* estabelecer relacionamentos ruins ou insatisfatórios. Ninguém sai da cama, se olha no espelho e diz: "Vou ser um grande idiota hoje." A maioria de nós simplesmente não tem consciência do efeito que temos sobre os outros. Também não percebemos o quanto é crucial para o nosso sucesso estabelecer relações profundas em todos os aspectos de nossas vidas. Estabelecer relações eficazes e realizar coisas com os outros pode ser fácil, contanto que se utilize uma abordagem cuidadosa. As Três Perspectivas oferecem uma estrutura simples e direta para compreender quem você é, como os outros o vêem, o que o conduz e, finalmente, o que você pode fazer a respeito.

Agora, vamos dar uma olhada em cada uma das Três Perspectivas um pouco mais de perto.

### Perspectiva 1: **Como você se vê?**

Já que depende de cada um de nós viver nossas próprias vidas, é importante primeiro compreender por que você se gosta, do que gosta em você e do que não gosta — quem você é pelo avesso. Isto é importante porque a sua opinião sobre si mesmo é uma peça crucial do seu sistema operacional pessoal. Sua opinião sobre si precisa ser um equilíbrio bem ajustado de realidade refletida e inventividade. Porque não importa o que você realize, quem são seus amigos e sua família, o quanto você é rápido, inteligente, bonito ou agradável — se você não tiver uma imagem saudável de si, nada mais importa.

A Dra. Jennifer James, antropóloga cultural, é especialista em auto-estima e seus efeitos em nossas sociedades e nossas estruturas sociais. Em sua pesquisa, estudou centenas de culturas, que variam desde sociedades urbanas a culturas indígenas ainda em relativo isolamento. Descobriu que em todas as culturas a auto-estima é afetada por quatro fatores:

1. Destino
2. Experiência anterior com os adultos
3. Experiência de vida
4. Nossa opinião de cada um dos itens acima

Primeiro, nossa auto-estima é influenciada pelo destino. Nascemos americanos, ingleses, japoneses, chilenos, etíopes, canadenses, russos, iranianos? E em que tipo de família nascemos? O destino determina o tipo de vida que vivemos.

Segundo, nossas experiências anteriores com os adultos afetam nossa auto-estima. Fomos criados com o carinho da família ou por pessoas que não se importavam conosco? Que tipo de pais tivemos? Que tipo de família? Somos o primeiro filho, o segundo ou o do meio? Fizemos parte de uma família grande ou pequena? O fato de os adultos prestarem atenção em nós e, de maneira geral, terem uma reação positiva — ou não — a nosso respeito desempenha grande função em nossa auto-imagem e nossa auto-estima posteriormente na vida.

Terceiro, as experiências de vida influenciam a auto-estima. Guerra, paz, prosperidade, pobreza, educação, saúde boa e ruim, tudo isso afeta nossa auto-estima. As experiências que temos na vida nos moldam e nos tornam quem somos e, mais importante, determinam como nos sentimos em relação a nós mesmos.

Quarto, nossa opinião acerca das influências há pouco citadas molda nossa auto-estima. Como interpretamos a história de nossa vida? Como interpretamos nossos sucessos e fracassos? Como interpretamos nossa família e nossa herança? Temos orgulho ou vergonha de nossa origem? Que opinião temos sobre a nossa família e a maneira como ela tem nos influenciado? Por exemplo, você tem orgulho do que realizou apesar de sua infância terrível, ou sua infância ainda é um fantasma para você? Tem vergonha por ter crescido com privilégios e dinheiro e sente-se culpado por isso? Você se vê como uma decepção para a família, levando-se em consideração todas as oportunidades que teve em sua educação? Sente orgulho de sua origem? Sente-se como um herói e um exemplo para o seu antigo bairro, ou acha que se "vendeu" ao abandonar o lar e seu pessoal em busca de uma vida melhor? De longe, o aspecto mais importante da auto-estima é a opinião que você formou em sua própria mente sobre a sua vida. Você é seu melhor amigo ou seu pior crítico e inimigo?

O que é surpreendente no trabalho da Dra. James sobre a auto-estima é o quanto essa qualidade pode ser profética em relação ao sucesso e à realização na vida.

Reflita sobre o seguinte. Cerca de dez anos atrás surgiu uma história sobre dois irmãos que haviam seguido caminhos opostos na vida. Um irmão recebeu o Prêmio Nobel por um feito científico, enquanto o outro era um assassino condenado. A história teve ampla cobertura e, no final, descobriu-se que os dois irmãos tinham tido uma infância terrível, em que foram muito maltratados. Isto parecia tornar a história ainda mais notável. O fato de que um irmão tinha se tornado um criminoso assassino e o outro, um agraciado com o Prêmio Nobel. Os dois foram entrevistados e a eles foi feita a mesma pergunta: Como você acabou onde está na vida, levando-se em consideração os abusos em sua infância? Ironicamente, os dois responderam à pergunta de forma idêntica: "Levando-se em consideração os maus-tratos na infância, como poderia ter me tornado outra coisa?"

Os dois tiveram o mesmo destino inicial. Foram criados no mesmo lar. Podemos também supor que tiveram experiências semelhantes com os pais no começo da vida, embora cada um deles possa ter sido afetado de forma diferente. O que é notável nessa história é que os irmãos decidiram viver suas vidas de forma diferente, apesar das experiências quase idênticas nos primeiros anos da infância. Embora os acontecimentos da vida possam nos afetar enormemente, o maior efeito sobre nós como seres humanos refere-se às percepções e às crenças que temos em relação às coisas que ocorrem em nossas vidas.

Então, qual é a sua história de vida? Que destino a vida lhe reservou? Como pode descrever suas primeiras experiências com os adultos e a família? Que tipos de experiências você teve de suportar? Com quais foi abençoado? Responder a estas perguntas pode ajudá-lo a compreender a base de sua auto-estima. Responda às seguintes perguntas: Que opinião formou sobre sua jornada de vida até hoje? Como se sente a respeito de sua vida? De que tem orgulho?

A Primeira Perspectiva nos dá o entendimento de como nos vemos, como nos sentimos a nosso respeito e do que gostamos e não gostamos em nós mesmos. Compreender como nos vemos é o primeiro passo poderoso para obter o máximo da vida!

### *Perspectiva 2:* **Como os outros o vêem?**

Nenhum homem — ou mulher — é uma ilha. Vivemos nossas vidas em função dos outros — no trabalho, em casa, em nossas comunidades. Todo mundo tem pelo menos um relacionamento que não está bem. A Segunda Perspectiva pode lhe fornecer *insights* valiosos sobre como você se relaciona com os outros. E lembre-se de que só porque algo não parece bom imediatamente não quer dizer que não seja bom para você.

 **Instantâneo:**

Don é alto e magricela, com olhos escuros vivos que não perdem absolutamente nada. Em um dia frio de outono, entra no estacionamento em seu vistoso carro esporte preto. A recepcionista sente a mudança no ar quando ele passa pela porta. Don é uma estrela. Aos 37 anos, é diretor de aliança estratégica de uma empresa de telefonia de alto desempenho. Saca o telefone às sete da manhã no caminho para o trabalho, mantendo a capota de seu conversível levantada para que o barulho não abafe o celular. Ao tomar o caminho de casa, ele se sente à vontade para abaixar a capota, pois não importa mais como ficará seu cabelo.

É reconhecido por sua determinação, sua equipe de gerência sênior o respeita e ele sabe que eles confiam nele. Don está na posição raríssima de ter plena certeza de sua segurança no emprego. Então, qual é o problema?

Os empregados de Don morrem de medo dele.

Com o resultado de um processo de avaliação da gerência sênior, ficou claro que, embora Don se sobressaia nas realizações, não parece se importar com a formação de sua equipe e o desenvolvimento de seu pessoal. Ele não é o tipo de modelo de liderança que a gerência sênior deseja apresentar à empresa como líder ideal.

Entra o coach: Don está emocionado por ter sido escolhido para o aperfeiçoamento e tem uma atitude aberta. Está também um pouco confuso e se queixa: "Eles querem que eu realize algumas coisas, mas depois reclamam sobre o que é necessário para fazê-las acontecer." Logo na primeira sessão com seu coach, eles discutem o feedback de que ele é um grande "ascendente", porém menos eficaz com seus pares e menos eficaz ainda com seus subordinados diretos.

— Isto não é incrível? — diz Don.

— É... concorda que é verdade? — seu coach diz rindo.

— Ah, sim — diz Don. — Mas realmente não sei como isto aconteceu. Gosto de verdade desta empresa, e realmente quero fazer o que deve ser feito para ter sucesso aqui.

— Tudo bem — diz seu coach. — Então, aqui está um assunto para discussão: política. Converse comigo sobre política.

— Não acredito absolutamente em política — diz Don. — Nunca fui um puxa-saco. Disparo direto da cintura — com todo mundo.

Don estendeu-se no assunto sobre o quanto ele despreza bajuladores e o quanto odeia política interna, e chega ao ponto de evitar envolver-se nela.

— Tudo bem, vamos dar uma olhada no que você deve fazer para cima [quer dizer, com seus chefes] que não está fazendo para o lado oposto ou para baixo. Que atitudes você toma e que atitudes são diferentes?

— Bem... quando estou com pessoas que respeito, ouço mais e faço mais perguntas.

— E ouve as respostas? — interpõe-se o coach.

— Bem, claro — Don prossegue. — Quando discordo deles, penso em como vou apresentar o argumento para que não os faça se sentirem mal. Tento fazer as coisas parecerem idéias deles porque há muito mais probabilidade de eles as aceitarem se eu fizer isto.

— Isto indica que, na verdade, você não respeita alguns de seus pares ou subordinados diretos, certo?

Don respira fundo. A sala é tomada pelo silêncio.

De repente, Don exclama em voz calma:

— Uau! Acabei de ver. Acho que sou muito mais político do que gostaria de acreditar.

Silêncio novamente.

— Uau! Isto realmente dói — confessa Don, finalmente.


Don decidiu olhar para si sob uma nova perspectiva e descobriu algo extraordinário a seu respeito. Antes de algumas perguntas, ele se vira como sendo discriminado, confuso, malcompreendido e caluniado. Logo depois, descobre como criou esta situação tratando seus gerentes seniores de uma maneira e seus pares e subordinados diretos, de outra. Uma hora, ele é uma pessoa que não suporta política e, na outra, vê claramente como se tornou perito em administrar para cima sem sequer se dar conta. Bastam apenas alguns minutos para ele se deslocar de uma posição para a outra.

O que é verdade? O que é real? Faz diferença? A pergunta de coaching que sempre será relevante é: Esta percepção é útil, e o que você fará a respeito?

No caso de Don, ver-se de maneira mais clara — refletindo com cuidado sobre a informação de como os outros o vêem — o ajuda a se concentrar em comportamentos que farão seus empregados se sentirem ouvidos e respeitados. Seguindo adiante, Don também estará em muito mais sintonia com seus próprios comportamentos e com a maneira como eles afetam os outros.

Em seu cerne, a Segunda Perspectiva, "Como os outros o vêem?", nos fornece informação valiosa sobre como afetamos os outros em nosso ambiente. As pessoas nos respeitam? Querem estar perto de nós? Acrescentamos valor à vida das pessoas? Somos gentis e corteses? Estabelecemos ligações? Importamo-nos com os outros? Somamos ou subtraímos na vida de outra pessoa? Ajudamos os outros? Inspiramos alguém? O indicador número 1 de sucesso na vida, e especialmente nos negócios, é a capacidade de construir e alavancar relacionamentos. A essência desta capacidade é a experiência que os outros têm quando interagem conosco.

A Segunda Perspectiva pode ser capciosa porque há muitas pessoas diferentes que nos vêem de muitos modos diferentes. Nós todos conhecemos pessoas que dão importância demais ao que os outros pensam, e este certamente não é um bom caminho a seguir também. Então, sobre o que estamos falando aqui? De maneira simples, informação confiável. Você não precisa descobrir o que as pessoas pensam para que possa ser todas as coisas para todas as pessoas. Mas precisa *entender como as pessoas o vêem para que encontre a melhor maneira de ser eficaz com elas.* No caso de Don, seu chefe o via como tão eficaz que ele nunca teria sabido como os subordinados diretos de Don o viam. Don teria continuado sem fazer a mínima idéia. Se quisesse permanecer em seu emprego, sem mudar jamais, crescendo ou seguindo adiante, tudo teria terminado bem, mesmo que alguém notasse a baixa de pessoal no final. Se quisermos mudar e crescer, devemos compreender como somos vistos.

Uma das epifanias de Don era de que quanto mais antigo se tornasse, menos importante seria "administrar para cima". Parece óbvio de fora, mas, quando estamos envolvidos em uma situação, não conseguimos enxergar com clareza. Don também percebeu que tudo que ele fazia — todas as reviradas de olhos, todos os franzidos de testa, todos os sorrisos, todos os pequenos suspiros exasperados — tinha maior peso quanto mais ele subia na organização. Ele se via apenas como um sujeito normal tentando seguir adiante, mas o que não levou em consideração é que, quanto mais alto ele subia na organização, menos as pessoas que trabalhavam para ele o viam como um sujeito normal.

Como os outros nos vêem é informação crucial. Esta perspectiva pode ajudá-lo a desenvolver "bigode de gato". Você sabe para que serve bigode de gato? A maioria dos traços únicos encontrados em animais tem um propósito que pode estar relacionado ao desenvolvimento evolucionário; por exemplo, o pescoço comprido da girafa permite que ela monopolize as folhas que nenhum outro animal pode alcançar. O bigode de gato não é diferente. Ele cresce para fora a partir da cabeça até a largura aproximada do crânio e da caixa torácica, de modo que o gato não enfie a cabeça em lugares que sejam pequenos demais para o seu corpo. O bigode parece não impedir que os gatos subam em árvores das quais não conseguem descer, então nossa metáfora deixa a desejar neste ponto. O que é relevante nesta informação é o desenvolvimento de um radar humano, equivalente ao bigode do gato, para que você possa coligir informação de forma contínua sobre seu ambiente, e não entalar onde não deve.

### *Perspectiva 3*: **Como deseja ser visto?**

Os seres humanos possuem uma capacidade extraordinária de se enganar. É comum para os humoristas no canal de comédia. Quem nunca riu de uma peruca ou de uma roupa pouco recomendada para um certo tipo de corpo? Estes são os exemplos mais espalhafatosos do que acontece quando uma pessoa confunde a maneira como se vê com a maneira como quer que os outros a vejam. É o equivalente adulto da criança de um ano que acredita que se tapar os olhos ninguém conseguirá vê-la. Pode não ser prejudicial se envolver apenas pequenas vaidades, mas o custo pode ser alto se a lacuna entre como queremos ser vistos e como realmente somos vistos tornar-se grande demais.

Essa questão está profundamente ligada à maneira como satisfazemos nossas necessidades. Enfocaremos este ponto de alavacangem exclusivamente no Capítulo Seis, mas vamos examinar brevemente alguém que está sendo levado por algo que não escolheu e não compreende.

## Instantâneo:

São 4h45 da tarde. Lorelei, na quarta-feira de sua primeira semana como associada do departamento de aquisição de uma empresa global de importação e exportação, está correndo em direção ao escritório de seu chefe com um relatório que acabou de completar. Jack a vê correndo e solta um assobio penetrante que a faz parar subitamente, tomada de surpresa.

— O que é? — ela pergunta, virando-se para ele.

— Para quando é isso? Pensei que fosse para o fim do dia de hoje.

— É. Queria entregar cedo.

— Ora, você não precisa fazer isso — diz Jack, balançando a cabeça de um lado para o outro.

Lorelei está ansiosa para entregar na hora — está acostumada a prometer-se de menos e a fazer demais — porque quer começar da melhor maneira possível com o novo chefe.

— Por que não? — ela pergunta.

— Tudo bem. O esquema com Jeannine é o seguinte. Ela é realmente esperta e muito justa. É bom trabalhar para ela, exceto por uma coisa. Se você lhe der o relatório antes do final do dia, ela se concentrará em tudo que houver de errado nele, devolverá para você em 15 minutos e lhe dirá que deseja que as correções sejam feitas até o final do dia. Então, você ficará aqui até as dez da noite. A Senhora Dragão Workaholic não gosta que as coisas não sejam terminadas. Nós todos descobrimos que, se você quiser ir para casa num horário razoável, só pode entregar o trabalho quando ela for embora, deixando-o sobre sua mesa.

Lorelei parecia estar em dúvida — ela achava que não haveria erros em seu relatório. Tinha a mesa limpa e estava pronta para dar alguns telefonemas de última hora e ir para casa. Odiava deixar as coisas para tão tarde.

— Pode tentar se quiser. Vá lá e descubra por si mesma. Deixarei os velhos cardápios de pedido de comida em sua mesa. — Jack sorri afetuosamente e se afasta.

Jeannine está de pé na porta aberta da sala de conferência bem no canto, atordoada e sem fôlego. Não queria escutar; nunca lhe ocorreu que pudesse ouvir algo semelhante a seu respeito e, quando percebeu o que estava acontecendo, parecia simplesmente terrível demais para fazer notar sua presença.

Jeannine não tinha idéia de que era vista como Jack a acabara de descrever. Seu primeiro impulso foi entrar em seu escritório e confrontá-lo por espalhar histórias e envenenar a mente de um novo membro da equipe, mas sabia que era melhor respirar fundo e examinar os fatos, em vez de lançar-se em uma reação impulsiva. Esperou um pouco para que ninguém notasse, caminhou lentamente em direção à sua sala, pegou sua jaqueta e saiu para dar uma longa e pensativa caminhada pelo quarteirão.

— O que é que eu fiz? — ela se perguntou. — Como é que não vi que as pessoas que trabalham para mim me acham uma louca perfeccionista e criaram estratégias para me evitar? Quando me tornei uma detalhista fanática? Eu não era assim.

Jeannine lembra-se de um de seus primeiros empregos como gerente, época em que recebia feedback no sentido de que, embora sua equipe estivesse indo bem, o resto da empresa a via como molenga com seu pessoal e um pouco indiferente com a qualidade. O efeito desse feedback tinha sido galvanizador, e aqui estava ela, sete anos depois, sofrendo por estar pecando pelo excesso. Ela caminha, respira fundo e balança a cabeça.

"Quero que as pessoas saibam o quanto me importo", pensa Jeannine. "E o quanto trabalho. Quero que elas respeitem e admirem minha ética no trabalho. Mas excedi os limites, e agora sou alvo de piadas."

Jeannine reagiu ao feedback sete anos atrás e tomou uma decisão repentina sobre como *não* queria ser vista sem pensar muito a respeito. Criaram-se hábitos. Sua necessidade de ser respeitada e admirada criou uma dinâmica não-desejada. Nunca decidira conscientemente ter atitudes específicas para ser respeitada. *A verdade sobre as necessidades é que elas encontram uma maneira de ser satisfeitas, com ou sem nosso consentimento.* Podemos escolher fazer isso de modo inapropriado ou de maneira que cause o mínimo de problemas. Podemos também optar por satisfazer nossas necessidades de forma consciente ou inconsciente. O comportamento de Jeannine não servia a ela ou a seus empregados. Felizmente, ela conseguiu alterá-lo assim que viu as conseqüências sem propósito de um velho hábito, criado por uma necessidade não-percebida.

### ■ UMA PERGUNTA FINAL ■

Respondidas as três perguntas — Como me vejo? Como os outros me vêem? e Como desejo ser visto? —, há uma pergunta final a ser feita: O que faço agora?

O coaching tem a ver, no final das contas, com ação. As Três Perspectivas só são úteis se fizerem com que você aja de maneira diferente e mais eficaz para mudar a situação com a qual está lidando. As Três Perspectivas o forçam a parar e pensar sobre o que está ocorrendo, a fim de que você possa ter melhor compreensão acerca da situação. A informação coligida o ajudará a fazer escolhas que se apresentam todos os dias sobre como você passa o seu tempo e como trata as pessoas.

Jeannine convocou uma reunião na manhã seguinte.

— Bem, pessoal, não vou me alongar. Soube que criei uma imagem por dar demasiada atenção aos detalhes, fazer apresentações minuciosas e criar expectativas desarrazoadas sobre até que horas as pessoas deveriam trabalhar.

Sua equipe olhou de volta para ela com os olhos arregalados. Ela pôde ver as rodas girando em suas cabeças enquanto se perguntavam quem tinha sido responsável pelo vazamento.

— Obtive informação quente? Está correto? — perguntou, olhando de volta para eles, curiosa.

Jack — para seu crédito, pensou Jeannine — balançou a cabeça afirmativamente.

— Bem, o caso é o seguinte: eu trabalho muitas horas e espero que todos vocês trabalhem o quanto precisarem para fazer o trabalho com o mais alto padrão de qualidade. Mas também percebo que meus padrões podem, às vezes, não ser razoáveis. Vamos fazer uma experiência. Se quiserem feedback ou ajuda com suas apresentações e seus relatórios, eu darei; caso contrário, podem utilizar seu próprio julgamento. Se continuarmos a ter críticas elogiosas, podemos manter esta maneira de fazer as coisas, mas, à primeira reclamação que tivermos, voltamos ao jeito antigo. Lorelei, você é um pouco nova para fazer tudo sozinha, então eu gostaria que Jack revisasse todo o seu trabalho, só no primeiro mês ou um pouco mais, até que você aprenda como as coisas são feitas por aqui. Jack, está bem para você?

Jack assentiu com a cabeça.

Jeannine encerrou a reunião e, ao sair, viu Jack lançar um olhar misterioso para Lorelei.

Vamos fazer agora seu tour pessoal pelas Três Perspectivas. Para aqueles com acesso à internet, é possível encontrar esta atividade no *site* www.leverageyourbest.com. Na verdade, apenas no *site*, você poderá enviar um feedback de 360 graus para os amigos e colegas, a fim de que possa ter uma idéia de como é percebido.

Primeiro, selecione um dos papéis que está desempenhando no momento em sua vida (ex.: vice-presidente, supervisor, co-presidente de uma comissão, pai de um adolescente de 15 anos).

## *Perspectiva 1*: Como me vejo?

O que estou (realmente) tentando realizar?

O que sei que é verdade a meu respeito neste papel?

O que me impulsiona neste papel? Quais são minhas motivações?

Quais qualidades, habilidades ou características que possuo me tornarão bem-sucedido neste papel?

Quais qualidades, habilidades ou características que possuo me atrapalharão?

## Perspectiva 2: **Como os outros me vêem?**

Quem importa nesta situação: (Liste-os)

Sei como cada uma dessas pessoas me vê (neste papel)?

Em caso negativo, como descobrirei a maneira como cada uma delas me vê?

Em caso positivo, eu me importo com a maneira como os outros me vêem?

Em caso positivo, existe alguma opinião a meu respeito da qual discorde ou que ignore?

Tenho certeza de como os outros me vêem? Que provas tenho?

Verifico regularmente como os outros me vêem?

O que acho que as pessoas dizem sobre mim quando não estou por perto?

## Perspectiva 3: **Como desejo ser visto?**

O que gostaria que fosse verdade a meu respeito, mas não tenho certeza se é?

O que gostaria que os outros pensassem a meu respeito, embora não tenha certeza se é verdade?

As pessoas que são importantes para mim se orgulham de mim?

Em caso positivo, de que têm orgulho?

É algo de que também tenho orgulho?

Em caso negativo, de que eu gostaria que eles tivessem orgulho?

De que maneira decepciono os outros de forma consistente?

Como algumas dessas inconsistências me atrapalham?

## *A Pergunta Crucial 4*: **Então, o que faço agora?**

Como a informação acima pode ser útil para me levar em direção ao meu Objetivo Principal?

Que estratégias posso empregar para me tornar mais eficaz e influente neste papel?

Que estratégias poderia utilizar que não estou utilizando?

Estas estratégias são claras e acionáveis para mim?

Qual é o custo de fazer as coisas da mesma maneira que sempre fiz?

Como estou sendo quando ajo de forma mais eficaz?

Como estou sendo quando ajo de forma menos eficaz?

Quem é afetado de forma mais profunda pelo modo como ajo?

Quando as coisas saem errado, quem está sempre por perto?

Qual é o risco de tentar um modo ligeiramente diferente de fazer as coisas?

Que tipo de ajuda e apoio preciso para ser mais eficaz e influente neste papel?

Obrigado por completar o tour das Três Perspectivas. Como foi a experiência para você? As perguntas foram difíceis de responder? Foram novas para você? Existem lacunas entre as respostas e as perguntas? Por exemplo, você se vê como o fracote de 45 quilos e quer ser visto como o herói salvador da pátria? Onde se encontra a maior lacuna?

Quando fazemos estas perguntas, as pessoas declaram com freqüência que as respostas mudam com o tempo. O assunto aqui é caráter. O que é importante sobre a discussão de caráter e as escolhas que ele envolve é que experimentamos uma sensação de integridade ou congruência entre as quatro perguntas. Pouquíssimas pessoas se vêem da mesma maneira que os outros as vêem; elas raramente se vêem como desejam se ver. Ainda não encontramos ninguém que não ache que poderia ser mais eficaz de alguma maneira.

# CAPÍTULO QUATRO

# Domine seu universo

*Você realmente conhece seu ambiente?*

Geralmente, supomos que sabemos onde estamos e o que está acontecendo ao nosso redor. Freqüentemente, estamos errados. Em alguns casos, uma avaliação superficial será suficiente, mas, no local de trabalho, confiar em um exame superficial do ambiente e na mistura de pessoas pode ser fatal. Obter êxito em qualquer ambiente requer um exame aprofundado de como cada aspecto afeta nossa habilidade de atingir nosso objetivo. Toda ação tomada deve ser revista com cuidado em busca de possíveis conseqüências. Se o local de trabalho é descrito como uma selva, a metáfora estende-se para incluir as leis naturais da dinâmica do poder, dos ecossistemas e das cadeias alimentares. Uma maneira segura de evitar ser vítima no local de trabalho é prestar bastante atenção à complexa teia de relações e aos interesses à sua volta. Depois, você pode fazer escolhas em vez de sentir-se atingido por tempestades inesperadas. Vamos conhecer Anne, uma estrela em ascensão, pega desprevenida.

Instantâneo:
— Você carece de circunspecção. — Os sócios seniores da empresa de consultoria estão em volta de Anne, na mesa grande de reunião.

Circunspecção?, pensa Anne, tentando afastar o ar hilariante e desdenhoso de seu rosto expressivo. O tom pomposo da discussão sobre aceitá-la como sócia ou não está indo rapidamente por água abaixo. Anne tem plena certeza de que nunca realmente ouviu a palavra circunspecção usada em uma frase antes.

— O que isto significa? — ela pergunta sem inflexão, enquanto também se felicita por não rir alto.

— Você sorri demais — diz o CEO. — Ri alto demais e faz pilhérias demais. Acreditamos que isto impede os clientes de levá-la a sério, e achamos que a impedirá de angariar o respeito devido a um sócio desta firma.

O desejo de Anne de rir desaparece à medida que absorve as implicações das palavras do CEO. Ela se sente atordoada. Pensava que o CEO gostava de seu incrível senso de humor. Olha para os rostos ao redor da mesa — a sócia gerente, com quem teve algumas altercações sem importância sobre ninharias administrativas, mas que parece bem legal; o brilhante estrategista, que sempre pareceu tolerá-la como um mal necessário; Arlene, a vice-presidente da região Nordeste, que produz excelentes resultados e trouxe alguns dos maiores bancos como clientes, e para quem ela executou um excelente trabalho. O vice-presidente de recursos humanos teve de cancelar a reunião no último minuto, mas Anne achou que talvez ele fosse um rosto solidário no mar de máscaras impassíveis e inescrutáveis.

Anne luta contra o desejo de esconder o rosto nas mãos e gemer. Luta para afastar o medo de seu rosto — ser tão inexpressiva quanto aqueles à mesa. Está na empresa há dois anos e sempre se perguntou se tinha o perfil adequado à companhia e à sua cultura extremamente formal. Embora sempre tenha sabido que o perfil ideal estava um pouco distante, não percebeu isto acontecer. Ela se sente como se lhe tivessem puxado o tapete. Eles a tinham buscado para unir-se à empresa de consultoria devido ao seu talento e à sua especialidade em Segurança de Tecnologia de Informação. Ela tem melhor desempenho que todos na sala em termos de experiência e criatividade em sua área. E eles sabem disso. Os colegas sempre foram educados, mas Anne nunca conseguiu se livrar da sensação de que é um caubói grosseiro e empoeirado numa sala com tapete branco e porcelana fina. Seu salário é absurdamente alto, mas as horas de trabalho também são muitas. Ela sempre se preocupou com o fato de que a possibilidade de se tornar sócia a fizesse trabalhar até a morte. Mas, agora, o mais importante era descobrir se realmente teria sucesso com pessoas tão diferentes dela.

— Acho que inspiro respeito pela qualidade do meu serviço ao cliente e porque "eu ralo" na minha área — ela graceja.

— É exatamente deste tipo de coisa que estamos falando, Anne. Esse tipo de coloquialismo não deveria ser usado em ocasião tão séria. Você é boa em seu trabalho, mas achamos que apresenta um comportamento imprevisível.

Minha nossa, pensa Anne, nunca chegarei a lugar algum aqui!

Anne está obviamente fora do seu elemento nessa empresa; pelo menos é assim que ela vê as coisas hoje. Felizmente, está recebendo este feedback diretamente de seu CEO. Ele lhe fez um grande bem contando a verdade sobre como ela é percebida. Nós todos deveríamos ter a sorte de ter a Segunda Perspectiva — Como os outros vêem você? — exposta de maneira tão clara. Anne está um pouco atordoada por ter estado tão distante da real situação. Mas o que deveria fazer com esta informação recém-descoberta? Deveria tentar mudar seu comportamento? Tentar uma mudança radical e talvez se matricular em algum desses cursos de regras sociais? Ou deveria simplesmente ceder ao seu impulso inicial de cair fora e procurar outro emprego, onde as pessoas aceitem seu estilo? Estas são boas perguntas que as pessoas que se sentem estagnadas se fazem.

Como você sabe se está no lugar certo? Como sabe se suas frustrações no trabalho são coisas que você pode superar ou serão obstáculos insuperáveis? A maioria de nós sente nossas frustrações e nosso desconforto no trabalho de forma passageira. Estamos tão ocupados fazendo nosso trabalho que pode ser difícil prestar atenção às influências ocultas, cruciais, que afetarão nosso sucesso. Na grande atividade de um dia de trabalho, quem tem tempo para pensar nisso? A resposta é que ninguém pode dar-se o luxo de não pensar. Mesmo quando obtemos feedback claro, freqüentemente não sabemos o que fazer com ele. Então, deixamos que ele saia de cena lentamente e passe para o segundo plano, onde exerce uma pressão de nível baixo, porém constante, e se torna algo a ser tolerado, ou fazemos algo radical, como largar o emprego. Nenhuma das escolhas é boa. É tão mais fácil mantermos nossa atenção nos problemas que compreendemos bem e podemos resolver — simplesmente abaixarmos a cabeça, fazermos nosso trabalho e esperar pelo melhor. É uma pena, mas a esperança, raramente, é uma opção de sucesso. Ações devem ser empreendidas, mas como decidir quais devem ser? Eis aqui uma maneira de analisar.

## ■ PRIMEIRO AVALIE SEU AMBIENTE ■

Se você tem quaisquer dúvidas a respeito de sua posição em seu ambiente de trabalho e com relação às pessoas envolvidas nele, deve recuar um pouco para ter uma visão mais ampla do todo. Um tigre pode sobreviver em alguns ecossistemas, mas não em outros. O contexto é tão importante quanto o indivíduo. A chave para o sucesso em qualquer ambiente é decompor todos os seus aspectos específicos e lidar com cada um deles por vez. Isto não é tão fácil quanto parece — algumas das pessoas mais inteligentes que conhecemos sofrem com isso. Mesmo aqueles cujo sucesso no trabalho foi construído sobre suas habilidades de pensamento analítico se vêem à deriva quando se trata de aplicar as mesmas habilidades na análise de sua posição em seu meio, ou de como essa posição é afetada pelos outros.

A série de perguntas a seguir destina-se a ajudá-lo a examinar seu ambiente com cuidado; depois, você pode fazer escolhas e determinar com precisão as áreas que exigirão algumas ações estratégicas sérias.

Das perguntas que você responder, praticamente nenhuma exigirá que tenha uma conversa séria com seu gerente. Você precisará desenvolver um plano para consertar cada item com o tempo. A boa notícia, como você verá

# O Scrubdown no Local de Trabalho

**Produto ou serviço**
Você acredita/apóia o produto que sua empresa vende? ............................... V F
Você se vê como parte de algo que contribui para o mundo? ...................... V F

**Qualidade dos clientes ou fregueses**
Você gosta das pessoas às quais serve? ..................................................... V F
Elas lhe demonstram reconhecimento e apreço? ......................................... V F

**Liderança: visão, estratégia, credibilidade**
Você se sente confiante em que a alta liderança da empresa está no controle
do rumo e do crescimento? ....................................................................... V F
Suas ações são coerentes com suas palavras? ............................................ V F

**Supervisor direto: confiança, rumo, apoio**
Seu supervisor se certifica de que você tem os recursos necessários para fazer seu
trabalho bem? ......................................................................................... V F
Você sente que seu supervisor é justo? ...................................................... V F
Espera-se que você dedique muito tempo ao trabalho? ............................... V F

**Pares: qualidade, concorrência, apoio**
Você se sente em igualdade de condições com as pessoas com as quais trabalha?........ V F
Existe concorrência suficiente para desafiá-lo? .......................................... V F
Existe amizade suficiente para fazê-lo ansiar por ver o pessoal do escritório? .............. V F

**Espaço físico**
Você tem espaço, luz, ferramentas/equipamento suficientes para executar seu
trabalho? ................................................................................................ V F
Se viaja, você tem tudo no lugar para facilitar as coisas para si mesmo? ...................... V F

**Oportunidades para promoção no emprego ou crescimento na carreira**
Você tem oportunidade de aprender coisas novas e crescer? (Só é Relevante aqui
se for importante para você.)..................................................................... V F
Pode ver uma trajetória em sua carreira que sustentará seu comprometimento? ........... V F
Você será capaz de atingir seu Objetivo Principal a partir de onde está no momento? .. V F
Que evidências você tem de que o tempo e a energia despendidos até agora
trarão frutos? .......................................................................................... V F
Você é recompensado de maneira justa, de acordo com o valor de mercado
e a situação da economia? ....................................................................... V F
Se não está satisfeito no momento com seus ganhos, tem uma idéia do que seria
necessário para aumentá-los?................................................................... V F

no Capítulo 10, "Elimine suas tolerâncias", é que, uma vez que tenha identificado claramente os problemas, a probabilidade de resolvê-los é muito maior. A única área onde é quase impossível produzir efeitos ou mudanças é a má liderança — a menos, é claro, que você esteja na equipe de liderança e, nesse caso, você tem o trabalho sob medida para você. Se este for o caso, você ainda necessitará da ajuda dos outros — pessoas em sua área, headhunters, especialistas em carreira, seus amigos e sua família. Em todos os casos, o processo de pensamento é o mesmo, mudando apenas os papéis e os nomes dos jogadores.

Após Anne ter-se recuperado do choque emocional da reunião, ela se sentou para analisar os fatos. Percebeu que apenas um aspecto do emprego era um problema de verdade. Apesar de suas reservas a respeito de suas horas de trabalho, sabia que não seria diferente em nenhuma outra empresa em que quisesse trabalhar. Todo o resto estava bom — tinha excelentes associados com quem trabalhar, gostava de verdade dos clientes, seu escritório era bom e sua assistente, fantástica. Parecia uma pena sair por causa de uma única coisa. Anne pensou em quem poderia estar disponível para trabalhar com ela.

## ■ IDENTIFIQUE OS AGENTES ■

Uma vez que você compreenda os aspectos de seu ambiente de trabalho que não são ideais, o próximo passo é compreender como cada indivíduo ao redor poderia ajudar ou impedir seus esforços para melhorar as coisas.

As pessoas agüentarão qualquer coisa se estiverem cercadas de pessoas com quem têm um bom relacionamento. Isto é certo. Mas, e todos os outros? A importância de "dar-se bem com os outros" — incluindo as pessoas de personalidades muito diferentes, visões de mundo muito distintas ou interesses divergentes — tem sido o foco de muitas pesquisas nos últimos tempos. Uma pesquisa conduzida nos Laboratórios Bell determinou que o indicador número 1 de sucesso para os seus líderes era a capacidade de formar e alavancar redes de relacionamentos pessoais. Também descobrimos que isto é verdade. *A chave para o seu sucesso em alcançar seu Objetivo Principal está em quão bem você se relaciona com as pessoas em sua vida.* O que é surpreendente é que, mesmo quando as pessoas sabem disso, ignoram o fato. Esperam que, se forem competentes o bastante no trabalho, serão capazes de escapar impunes se não se portarem bem no jogo. Mais uma vez, a esperança é uma escolha ineficaz.

Pergunte-se a respeito do estado atual de cada um de seus relacionamentos no trabalho. Faça uma lista de todas as pessoas com quem trabalha e reflita sobre a possibilidade de elas lhe darem uma ajuda com algo que talvez esteja tentando executar. Use o esquema a seguir para fazer isso. Talvez você diga que depende inteiramente do que você peça, então suponha que seja algo que possa afetá-las e poderia eventualmente deixá-las bem (ou mal).

| Lista de pessoas | Itens que necessitam de ajuda | Qual a probabilidade de elas o ajudarem? Numa escala de 1 a 10 1 = Nunca em um milhão de anos 10 = Auxiliar de confiança que faria qualquer coisa por você |
|---|---|---|
| Chefe(s) | | |
| Subordinados | | |
| Pares/Colegas | | |
| Clientes | | |

Quais dessas pessoas contribuirão para o seu plano, mesmo que de maneira ínfima? Quem o depreciará?

Um modelo claro que vemos repetidamente é que as pessoas reúnem um plano bem pesquisado a fim de alcançar um objetivo que elas pretendem executar *completamente sozinhas*. Essas pessoas estão destinadas ao fracasso. A menos que você seja Robinson Crusoé (e até ele tinha o Sexta-feira), deveria contar com as redes de auxílio e apoio das pessoas à sua volta. Ninguém faz isso sozinho; quanto mais longe você for, mais dependerá dos outros. Isto é simplesmente um fato. Um colega da nossa área uma vez disse que, se os líderes conseguissem descobrir como chegar ao objetivo final sozinhos, iriam até lá e enviariam um postal. Bem verdadeiro, bem engraçado, mas ainda não aconteceu. O que é importante compreender sobre os relacionamentos? As pesquisas e a literatura sobre o assunto são vastas. Embora não sejamos especialistas em relacionamentos, compilamos e destilamos algumas verdades cruciais. Talvez estas sejam verdades que você já conheça, mas tenha esquecido. Talvez sejam apenas verdades que gostaria de ignorar. Para construir e manter uma rede de relacionamentos sólida como pedra que o ajudará, você tem de:

*Identificar o que está em jogo para que a outra pessoa o ajude.*
*Compreender o que a outra pessoa tem a perder.*
*Reconhecer as crenças, o tipo de personalidade e o jeito de pensar da outra pessoa.*
*Importar-se genuinamente com elas e demonstrar isso.*

Nenhuma pessoa o ajudará a menos que possa ver o que está em jogo para ela. Aí está. Nós dissemos. E, goste ou não, é verdade. Se conseguir assimilar isto como realidade, sem julgamento, estará em grande forma. Muitas pessoas têm a crença de que aceitar esta verdade torna-as cínicas, ou, pior, manipuladoras. Apenas as atitudes que você decide tomar com base nesta verdade podem ser cínicas — compreendê-la e utilizá-la de forma sensata é simplesmente usar a inteligência. Rejeitar a realidade é colocar-se na posição de ser usado por aqueles que não o fizerem. Não estamos tentando dizer que todas as pessoas à sua volta são motivadas pelo ganho egoísta; apenas que todos são motivados por algo específico e que você tem de compreender o que é. O que isto quer dizer para você? Quer dizer que você precisa olhar para as pessoas de todos os ângulos.

## ■ O QUE HÁ PARA MIM? ■

R evele a aceitação — seja claro e específico sobre o que é importante para as pessoas e por quê. O que *está* em jogo para as pessoas que o ajudam e como você contribuirá para ajudá-las a alcançar seus objetivos? Pouquíssimas pessoas em sua vida estão naturalmente preparadas para ajudá-lo a alcançar seu Objetivo Principal. Na verdade, muitas pessoas poderiam impedi-lo de alcançar o que deseja de verdade. Não que elas tenham pensamentos conscientes de sabotar seus esforços; isto tornaria as coisas muito mais claras. Acontece que a maioria das pessoas está tão concentrada em viver sua própria vida que lhe resta pouco tempo ou pouca energia para ajudá-lo a alcançar o que você persegue na sua.

Comece hoje a buscar compreender as necessidades, os valores e os objetivos de seus colegas de trabalho. À medida que lê este livro e compreende melhor como alavancar o que possui que funciona, você também será capaz de identificar a mesma coisa nos outros. Aonde elas mesmas estão tentando ir e que tipo de ajuda estão precisando ao longo do caminho? Todo mundo tem um interesse, uma abordagem ou um ângulo em que está trabalhando, concebido de forma consciente ou não. Somos de opinião que as pessoas mais eficazes na construção e na alavancagem de relacionamentos compreendem os outros de forma profunda, freqüentemente melhor do que compreendem a si próprias. Assim que você descobre o que impulsiona outra pessoa, é fácil ajudá-la e, ao fazê-lo, é fácil *ajudá-la a ajudá-lo* ao longo do caminho. E aqui está a parte difícil: você deve ajudá-la sem esperar receber nada em troca.

Entender realmente as outras pessoas e ajudá-las a seguir seu caminho é uma das coisas mais poderosas que você pode fazer para obter a ajuda de que necessita. A única coisa que nos impede de enxergar esta difícil verdade é a falsa noção de que, se as pessoas realmente nos amassem, elas nos ajudariam da maneira que desejamos ser ajudados. Talvez esta seja a maneira como as coisas *deveriam* ser, mas não é como elas *são*. Vimos pessoas se ofenderem, e temos de lhes pedir para sair dessa situação, cair na real e seguir adiante. Pergunte-se:

*Qual é o Principal Objetivo delas?*
*Do que elas precisam para atingi-lo?*
*O que é valioso para elas?*
*Qual é a sua vaidade secreta?*

Nós todos temos vaidades secretas: coisinhas das quais nos orgulhamos secretamente e esperamos que as pessoas notem. Entre os exemplos de vaidades secretas que descobrimos, incluem-se a precisão e a acuidade no trabalho, o escritório mais organizado do andar, a aparência bonita de todos os documentos; uma memória aguçada para tudo o que foi dito em uma reunião informal.

Por que são secretas? Isto se relaciona à Terceira Perspectiva — Como deseja ser visto? Elas permanecem secretas porque ficamos desconcertados de parecer tão frágeis, causa-nos preocupação revelar nossas vaidades, temendo que as pessoas amadas não as aprovem. Quem realmente sabe? Não importa — o que importa é que você preste atenção nelas e as respeite. De nada nos serve ignorar ou escarnecer da vaidade secreta de alguém.

## ■ O QUE ESTÁ EM JOGO? ■

Faça com que seja da sua conta o que as pessoas têm a ganhar ou a perder caso você seja bem-sucedido. Acredite ou não, seus amigos e sua família nem sempre, no fundo, se importam com seus maiores interesses, principalmente quando você está tentando criar uma vida melhor e mais satisfatória para si mesmo. Denominamos isto de "inércia de cidade pequena", mas acontece em todos os ambientes. Quando as pessoas o conhecem e o amam como você é, sua mudança causa grande desconforto. Por quê? Uma de duas razões. A primeira é a mais simples: as pessoas que se importam com você temem perdê-lo se você obtiver sucesso. A outra é mais complexa: as pessoas irão se comparar a você e se sentir diminuídas. Quando você vem do mesmo ambiente e se destaca do grupo, as pessoas pensam por que não são igualmente bem-sucedidas. Esse fenômeno ocorre em muitas culturas. Na Austrália, é chamado de "síndrome da papoula grande"; no Japão, de "prego grande". A papoula grande tem a cabeça cortada — o prego é golpeado. A idéia é que, se você se sobressai de alguma forma, atrairá atenção negativa. Nos Estados Unidos, gostaríamos de fazer de conta que não é assim, mas o fenômeno existe de qualquer maneira. Dizemos "Quem não chora não mama" aqui, mas isto não muda o fato de que as pessoas odeiam o choro.

Fundamentalmente, as pessoas odeiam o choro. Se você está reorganizando sua vida, isto *causará* mudança na vida de outras pessoas, seja sua intenção ou não. Você deve reconhecer isto, embora talvez não saiba o que fazer a respeito. Uma atitude a tomar é simplesmente conversar sobre isso. Você pode ajudar as pessoas ao seu redor a administrar a mudança que você está produzindo, ajudando-as a compreender como isto irá afetá-las pessoalmente e como afetará o relacionamento entre vocês. Diga-lhes o que elas podem esperar no futuro, como você as vê se ajustando à sua vida. Diga-lhes que você pensou nelas e que elas são importantes para você. Outra coisa a fazer — que pode ser extremamente doloroso — *é abandonar relacionamentos com pessoas que insistem para que você continue o mesmo, a fim de que elas permaneçam numa posição confortável.* O Capítulo 9, "Estabeleça e defenda seus limites", oferecerá muita ajuda nessa área.

■ RECONHEÇA AS DIFERENÇAS ■

É crucial no mapeamento das relações compreender em detalhes como os outros são diferentes de você. Só porque algo é auto-evidente para você não quer dizer que seja óbvio para os outros. É fundamental levar em consideração como os outros à sua volta assimilam informação e tomam decisões. Talvez eles sejam extremamente visuais e precisem que algo seja explicado detalhadamente em um quadro. Ou talvez desejem escutar toda a história em detalhes de novo. Ou talvez prefiram tê-la por escrito e precisem de tempo para pensar a respeito.

Estas distinções podem ser difíceis de identificar, mas as pessoas lhe darão pistas. Note quando alguém usa "Compreendo", quando compreendem algo, em contraposição a "Estou ouvindo". Estas são pistas que indicam se elas são visuais e precisam ver as coisas ou auditivas e preferem ouvilas. Note se as pessoas pedem *e-mails* em vez de correio de voz. As pessoas que pedem por mais detalhes do que você deu provavelmente desejarão todos os dados; outras pedirão que você omita os pormenores e vá direto ao ponto. Você tem de estar preparado para os dois casos. Preste atenção em olhos vitrificados — você deu dados de menos ou demais, mas, de qualquer maneira, você os desperdiçou. Pequenos detalhes de informação que você capta o ajudarão a comunicar-se mais rapidamente com as pessoas que são importantes para você. *As pessoas tendem muito mais a ser prestativas se você se esforçar para entrar em sintonia com elas.*

## ■ DEMONSTRE CONSIDERAÇÃO ■

Interesse-se pelas pessoas porque quer o bem delas, não porque deseja algo em troca. Isto é um paradoxo. Quanto mais interesse você demonstra pelos outros, sem esperar nada em troca, mais elas se interessarão em ajudá-lo. Ouças as pessoas, encontre uma maneira de ajudá-las e demonstrar interesse. Em pouco tempo, as pessoas estarão fazendo de tudo para ajudá-lo. Nós todos conhecemos pessoas que tentam demonstrar que estão interessadas, mas é claro que suas atitudes são falsas. Como você pode demonstrar interesse e cuidado sem ser falso? Simples: demonstre curiosidade genuína sobre as pessoas. Tente descobrir algo novo sobre elas toda vez que se encontrarem. Ouça-as com atenção e deixe que terminem de expressar seus pensamentos. Pergunte sobre elas. Apresente espontaneamente informação a seu respeito que pareça ter a ver com o que elas disseram sobre si mesmas. Pare de falar quando vir seus olhos vidrados — isso significa que deve prestar atenção aos outros enquanto está conversando. Ouça mais e fale menos. Ouça além do limite confortável. Ouça mais do que já faz.

Perceba como isto pode se aplicar à situação de Anne. Quando ela reservou-se um momento para mapear as relações fundamentais à decisão de tornar-se sócia, fez uma lista dos agentes-chave, observando o que eles tinham a ganhar e a perder, suas principais diferenças de estilo e que tipo de relacionamento tinha conseguido construir com cada um, conforme mostra o quadro na página 84.

Anne examinou seu Objetivo Principal: entrara no programa de MBA e agüentara os três primeiros empregos porque almejava ir para a melhor de todas as opções: a empresa de consultoria que estava todos os anos entre as três melhores da lista da *Fortune* das "50 Empresas mais Procuradas por Quem Possui MBA". Sabia que, se chegasse lá, poderia dar suas próprias cartas. Anne tinha um plano e trabalhava nele; agora deparava-se com um pequeno percalço. Percebeu que teria de fazer uma campanha para contrabalançar a impressão que havia criado e reconstruir alguns relacionamentos. Criou uma lista de "coisas a fazer" para si mesma:

- Os clientes respondem bem a mim — encontrar uma maneira de partilhar esses dados com o CEO e abrandar seu temor de que estou pondo em perigo seu desejo de manter a imagem da empresa.
- Fazer com que a vice-presidente da Região Nordeste e o vice-presidente de Recursos Humanos me ajudem a reunir os dados sobre o feedback dos clientes.
- *Brainstorm* com os colegas sobre como isso poderia ser feito.
- Marcar uma reunião individual com o sócio-gerente para obter conselhos sobre mudanças de comportamento e insights claros sobre o que mudaria a percepção.

## Os relacionamentos de Anne

Objetivo Principal: Tornar-se sócia?

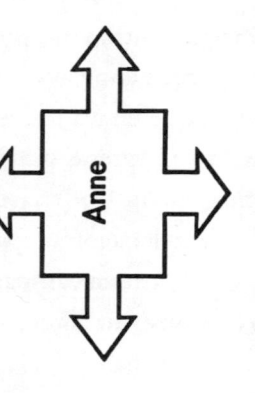

### Vice-presidente — Região Nordeste

Missão: Seus clientes necessitam do que Anne sabe fazer.

Riscos: Grandes problemas de relacionamento com os clientes se Anne sair. Embora não aprove o estilo de Anne, recebe excelente feedback.

Estilo: O pólo oposto de Anne em todos os sentidos.

Consideração: Anne fez um grande esforço para compreendê-la porque trabalharam juntas, mas é uma luta.

### CEO

Missão: Manter a reputação de conservadorismo e segurança da empresa.

Riscos: Baixos. Anne é substituível.

Estilo: Direto, conduzido por informações. Anne estava mais interessada em impressioná-lo do que em compreendê-lo.

Consideração: Baixa. Anne estava mais interessada em impressioná-lo do que em compreendê-lo.

### Sócio-gerente

Missão: As receitas de Anne são altos no negócio.

Riscos: Altos. Anne é uma das melhores no negócio.

Estilo: Muito parecido. Analítico e dinâmico.

Consideração: Alta — os dois freqüentaram a mesma faculdade de administração e têm conhecidos comuns.

### Vice-presidente de RH

Missão: Ele encontrou Anne e está ocupado demais para buscar outra pessoa.

Riscos: Altos. Ele ficará insatisfeito porque lutou para contratá-la.

Estilo: Ele é muito lento e Anne freqüentemente demonstra impaciência com sua necessidade de discutir o que parece óbvio para ela.

Consideração: Ele e Anne são cordiais, mas ela o considera um idiota e ele sabe disso. Partilham o gosto por *Jornada nas Estrelas*.

### Vice-presidente de estratégia

Missão: Até Anne surgir, ele era o mais brilhante do grupo. Sente-se ameaçado?

Riscos: Não tem poder suficiente para tomar qualquer atitude pública, mas não está inclinado a ajudar.

Estilo: Muito parecido em vários aspectos, mas não possui senso de humor pelo que Anne possa observar.

Consideração: Ela acha que ele é egoísta e demonstra isso. Embora partilhem a paixão pela navegação, Anne nunca mencionou o fato a ele.

- Marcar um almoço com o vice-presidente de estratégia, criar um relacionamento sólido com ele e solicitar sua ajuda.

- Ligar para o meu professor de administração e orientador para pedir algumas dicas — ele se parece muito comigo e trabalha há décadas em ambientes pesados.

Uma das coisas que chocam Anne é como estas atividades consumirão tempo. Isto a preocupa, pois, como não tem certeza do que está fazendo, tudo pode ser um desperdício. Ela decide tomar algumas atitudes e ver aonde elas levam. Também fica com receio de que o vice-presidente de estratégia a veja como uma ameaça, exerça influência sobre o CEO e trabalhe contra ela. Anne odeia política e sempre viu o envolvimento em atividades políticas como algo aquém dela. Acha que poderia tentar convencê-lo a almoçar e ir até o fundo da reação dele contra ela. Não está certa de que conseguirá disfarçar a antipatia em relação a ele, mas planeja passar a reunião tentando compreender o que tem mais importância para ele e por quê.

### ■ PODER PESSOAL E POLÍTICA ■

Aqueles que reclamam que não têm o poder de atingir seus objetivos se esquecem desta regra simples: ocupar um certo cargo lhe dará poder, mas ele será temporário, a não ser que você também tenha poder pessoal. O poder pessoal é definido como a força que vem do estabelecimento e da manutenção de ligações interpessoais sinceras e profundas.

Este ponto é particularmente importante no local de trabalho. As organizações gastam milhões de dólares para infundir valores de excelência, iniciativa e propriedade em seu pessoal, mas ignoram o fato de que é necessária muita coragem para assumir riscos e brilhar. Ser bom, realmente muito bom em alguma coisa, pode ser gratificante no longo prazo, mas pode ter um custo pessoal elevado no curto prazo. Pouquíssimas pessoas possuem a habilidade política necessária para fazê-lo. Ao tentarmos atingir nossas metas e nossos objetivos, inevitavelmente colocamos em ação a dinâmica política que está freqüentemente sob a superfície e é difícil de ver. John Eldred, um querido amigo, maravilhoso professor e consultor da Warton School, na Universidade da Pensilvânia, desenvolveu um modelo que ilustra essa dinâmica política. O Modelo de Estratégias de Poder de John tem ajudado inúmeros clientes a compreender situações pouco perceptíveis em seu local de trabalho.

O equilíbrio de poder descreve o nível em que cada pessoa, em um grupo particular, detém poder pessoal ou o possui por meio do cargo. Quando o equilíbrio de poder é alto, ele é compartilhado e relativamente igual; quando o equilíbrio de poder é baixo, uma pessoa tem significativamente muito mais poder que a outra. A confluência de objetivos mede o nível em que cada um está dos seus objetivos individuais, relativamente à sintonia ou à compatibilidade com os da outra pessoa.

Quando *o equilíbrio de poder e a confluência de objetivos são altos,* cria-se uma dinâmica de cooperação e os relacionamentos são naturalmente fáceis de se desenvolver e de se manter.

## Modelo de Estratégias de Poder

|  | BAIXA ← CONFLUÊNCIA DE OBJETIVOS → ALTA |  |
|---|---|---|
| **ALTO** EQUILÍBRIO DE PODER | **Negociação**<br><br>Poder equilibrado, objetivos desencontrados | **Colaboração**<br><br>Objetivos em sintonia, poder equilibrado |
| **BAIXO** | **Dominação**<br><br>Poder em desequilíbrio, objetivos desencontrados | **Influência**<br><br>Objetivos em sintonia, poder em desequilíbrio |

Quando *o equilíbrio de poder é alto e a confluência de objetivos é baixa*, significando que estão em pé de igualdade mas cada pé está indo em uma direção diferente, cria-se uma condição onde podemos negociar.

Quando *a confluência de objetivos é alta e o equilíbrio de poder é baixo*, o poder é irrelevante porque os dois lados estão indo na mesma direção. Isto cria uma condição em que os dois podem se influenciar mutuamente.

O quadrante mais perigoso é o que apresenta *equilíbrio de poder* e a *confluência de poder* baixos. Quando isto ocorre, a parte sem poder sente-se dominada e oprimida pela outra. A opressão e a dominação são, obviamente, condições extremamente desconfortáveis, porém o mais importante é que as pessoas ou os grupos dominados reagirão de uma das quatro maneiras: *sujeitando-se, submergindo, entrando em conflito aberto* ou *sabotando*. Isto é importante se você sentir que quaisquer de seus empregados ou colegas ou o evitam (sujeitando-se/submergindo), ou estão ativamente tentando fazer com que fique mal (sabotando) ou o atacam verbalmente nas reuniões (entrando em conflito aberto).

Esta situação no local de trabalho é notavelmente comum: trata-se de uma das principais fontes de estresse. Pode ajudar bastante observar quem está se comportando desta maneira e por quê. O que você faz que está contribuindo para que a outra pessoa se sinta dominada por você? Pode ser algo de que você não tenha consciência; pode ser algo que você ainda não tenha feito, mas que os outros temem que você possa fazer no futuro. Há um tremendo valor em identificar objetivos claros para que não haja erros em relação à confluência de objetivos. Também é crucial compreender que, se você escolher exercer o poder do seu cargo sem uma boa quantidade de aceitação das outras pessoas, encontrará uma resistência intensa. Finalmente, é importante saber que você não tem o poder do cargo, mas está claramente ascendendo na organização devido ao seu talento e ao seu trabalho árduo e, por isso, pode fazer os outros se sentirem dominados independentemente de seu cargo.

Vamos dar uma olhada em como essas idéias são úteis para Anne em sua situação com o vice-presidente de estratégia. Quando ela pensa em quais são os objetivos dele, percebe que nunca lhe perguntou a respeito, e não sabe. Hum. Interessante. O objetivo dela neste momento é fazer-se vice-presidente, tornar-se sócia da empresa e encabeçar o grupo de Segurança de Tecnologia da Informação, que ela sabe que só vai crescer nos próximos cinco anos. Como seu adversário já é sócio, tem mais poder do que ela, porém, ela vê que é possível que ele tema o dia em que o poder de seus cargos possa ser igual. Ele ainda não a sabotou, mas pode fazê-lo. Ela se pergunta se o objetivo dele não seria tornar-se CEO e, quem sabe, por causa disso, tema que ela seja sua concorrente. A idéia parece engraçada, mas ela sabe que pode ser verdade. Decide que, durante o almoço, lhe perguntará quais são seus objetivos, partilhará os seus próprios e o ajudará a ver até que ponto os objetivos de ambos são compatíveis e que, na verdade, ela poderia ocupar aquele cargo não para competir com ele, mas para deixá-lo numa situação favorável. De uma forma ou de outra, ela percebe que tentar estabelecer uma relação amistosa não será ruim.

Nem todos deveriam tentar ajustar-se ao ambiente. Se isso significa transformar-se em algo que não será mais reconhecível, o resultado não se sustentará. Mas existe uma grande distância entre pequenas mudanças com novos hábitos e uma mudança radical, como sair de um emprego. Uma insatisfação vaga e a certeza de que se quer sair de um emprego nem sempre se manifestam distintamente. Certamente, se há muitos motivos para a insatisfação, o desejo de recomeçar em outro emprego aumentará no longo prazo. Suportar coisas demais estragará qualquer coisa boa. O problema com isso, é claro, é que quaisquer situações com as quais você esteja se deparando agora simplesmente surgirão em seu próximo emprego. Você ainda terá de construir uma poderosa rede de relacionamentos e um plano para alavancá-los bem.

Para dominar seu universo, você deve compreender seu Objetivo Principal — o final tangível, que, quando for atingido, o deixará orgulhoso e satisfeito. Você deve compreender como criar um plano viável para atingir seu Objetivo Principal, com ênfase para entrar em ação o mais rápido possível, a fim de que suas experiências e seu aprendizado o ajudem a alcançar seus propósitos. O aspecto final e mais crítico, quanto a dominar o seu universo, é compreender como as pessoas que fazem parte de sua vida e a dinâmica de seu relacionamento com elas contribuem para sua marcha em direção ao seu Objetivo Principal.

- Busque feedback, seja grato quando obtiver e nunca o ignore.
- Caso se veja queixando-se sobre o trabalho, procure ser específico a respeito, mapeie os agentes e ponha-se a trabalhar.
- Sua habilidade de relacionar-se com aqueles à sua volta é o indicador mais importante de sucesso para atingir qualquer objetivo.

# CAPÍTULO CINCO

# Administre seus dons

*O que lhe custa deixar que seus talentos*
*passem sem ser reconhecidos?*

Todas as pessoas vêm ao mundo com dons, talentos, habilidades e atributos divinos, qualidades que as tornam únicas. Nossos dons são definidos quando somos bebês, em nosso DNA. Às vezes, herdamos dons de nossos pais ou familiares, porém, com igual freqüência, recebemos dons vindos de outras partes — que nos tornam diferentes de nossas famílias. A lei de hereditariedade que governa quem fica com quais dons pode parecer perversa. O melhor que se pode fazer é compreender, aceitar e maximizar, no mais alto grau possível, os dons que você recebeu. Escolhemos a palavra *administrar* com muito cuidado porque conhecemos centenas de pessoas que continuam a lutar com seus dons até tarde na vida, incapazes de alavancá-los para gerar o sucesso que acreditavam merecer. Algumas não têm consciência do impacto que seus dons têm sobre os outros. Os dons representam um aspecto fascinante dos seres humanos porque cada um deles carrega em si um conjunto complexo de responsabilidades e, às vezes, um lado obscuro, oculto.

## Instantâneo:

Harry tem 37 anos e é visto como o melhor gerente da empresa. Todo mundo o adora, e sua equipe excede as expectativas de maneira consistente. Quando o grupo de capacitação e desenvolvimento trouxe um workshop de Habilidades de Coaching, Harry era o exemplo vivo do coaching. Todos se dirigem a ele em busca de conselhos sobre empregados que não utilizam todo o potencial ou que estão se tornando "crianças problemáticas". Harry tem um grande rosto aberto e, quando fala, pinta quadros no ar com suas mãos grandes e expressivas. Às vezes, as pessoas param do lado de fora das salas de reuniões onde ele está expressando seu ponto de vista apenas para assistir ao show. Provocam-no sem piedade por causa de suas gravatas com personagens de Walt Disney. Durante o ano inteiro, ele tem doces em seu escritório, as coisas realmente boas que as pessoas querem.

O sucesso de sua equipe levou a mais contratações e, embora Harry trabalhe com afinco para tentar manter seus excelentes padrões de reuniões individuais, está começando a perder energia.

Numa reunião recente, seu chefe lhe disse que duas de suas estrelas estavam sendo transferidas para departamentos enfraquecidos e que seus substitutos tinham muito menos experiência. Harry saiu da reunião sentindo-se desmoralizado, apesar das palavras do chefe: "Harry, você é tão bom nisso que será fácil para você." Numa conversa subseqüente com um colega, ele percebeu que se sentia punido, em vez de recompensado por sua excelência.

Seu amigo Stan riu e disse: "Harry, preste atenção! Você não sabe que nenhuma boa ação deixa de ser punida?"

Harry comprometeu-se a recuar e salvar a própria pele.

O que há de errado nesta história?

Harry é talentoso na liderança de equipes e de pessoas. É um excelente gerente, e as pessoas não só adoram trabalhar para ele, mas também prosperam sob sua tutela. No entanto, parece que seus dons deixaram de ser de ser um bem para ele e passaram a ser um risco. O fato de ser um gerente talentoso criou uma situação em que ele se sente ludibriado. Sente-se usado. E, por sua vez, se ele deixar de utilizar seu talento em benefício dos outros ou se tiver um esgotamento por excesso de trabalho, tornar-se-á um risco para a organização. Felizmente, todavia, ele encontra uma maneira de reassumir o controle de seu talento, em vez de apenas aceitar as adversidades.

De volta a Harry:

Alguns dias se passam enquanto Harry se queixa. Percebe que precisa de ajuda para analisar a situação e envia um e-mail para Stan: "Stano. Quer dizer que nenhuma boa ação deixa de ser punida, não é? Preciso que explique isso para mim. Que tal uma cerveja no Condor esta noite? Aí você pode me dar um curso intensivo."

A resposta de Stan é imediata: "Vejo você no saguão às seis em ponto. E obrigado, para variar, por me dar uma razão para sair daqui num horário decente."

Stan e Harry estão instalados em um canto no fundo de um bar próximo às 6h7. A amizade entre ambos remonta ao tempo da faculdade de administração, e eles ficaram espantados com a casualidade que os trouxera à mesma empresa. A estrela de Stan brilhou um pouco mais rápido que a de Harry, em parte devido ao rápido crescimento do Departamento Financeiro, bem como à percepção de que Stan exerce grande poder e influência. Para os que não têm tanta admiração, Stan é visto como um tubarão.

— O lance é o seguinte, Harry. Você é um gerente nato. Você se importa, ensina muito bem, sabe quando deixar que as pessoas alcem vôo e experimentem suas asas, faz com que as pessoas se sintam bem em relação a si mesmas. Seu pessoal seria capaz de morrer por você, e ninguém consegue descobrir como você faz isso. Além do mais, você parece capaz de ensinar a seu pessoal como fazer as coisas do jeito que você faz, então eles se tornam gerentes natos também. É por isso que seu pessoal será sempre roubado de você, tão logo esteja pronto. Você armou para você mesmo perder, meu garoto.

— Bem, Stan, concordo com sua avaliação, mas o que vou fazer a respeito? Parece injusto que eu deva ser penalizado por fazer alguma coisa tão bem.

— Perfeitamente, mas direi para você a mesma coisa que digo a meus filhos, Harry: Não há nada que seja justo. Existe somente o que você está disposto a tomar para si.

Harry sorri e diz:

— Mundo cruel, este em que você vive, Stan.

No entanto, ele sabe que Stan tem razão.

Stan suspira.

— Você é um cara legal, Harry, e seria um desperdício de seu talento se acabasse em último lugar. Então, eis o plano: A. Descubra a quantia exata que está fazendo aquele seu chefe gordo feliz economizar. B. Insista para que receba um bônus toda vez que alguém for roubado de você. Dessa forma, você verá a parte boa do que está fazendo. Do contrário, você está permitindo que não reconheçam seus méritos, para não mencionar o fato de que seu chefe está se aproveitando de você, e ele sempre fez isso. Tudo o que eles falam aqui é que querem "desenvolver nosso pessoal", mas não há nada no sistema de desempenho para gratificar isso. Se há alguém que pode fazer isto acontecer, Harry, é você.

— E se ele disser que não?

Stan levanta as sobrancelhas:

— Ora, fala sério. O que o seu chefe faria sem você? Harry, você é o melhor, e ele sabe disso; tome o seu próprio partido, em alto e bom som! Se ele disser que não, você ameaça ir embora. Depois, vá e arrume alguma coisa interessante só para amedrontá-lo.

— Tudo bem. Agora estou oficialmente entusiasmado. Deixe-me pensar nisso.

Harry examinou como havia permitido que seus dons como treinador de pessoal não recebesse os devidos méritos. Arquitetou um plano para enfatizar o quanto seus talentos especiais eram valiosos e exigir proteção para sua equipe no futuro. Agora que Harry percebia com clareza o valor de seu dom para a organização, passaria a ver um de seus subordinados ser levado de sua liderança como um elogio, não como uma afronta. A mudança de perspectiva operada por Harry teve também um benefício colateral; fez com que gostasse de seu emprego ainda mais. Agora que reconhecia de forma completa seu dom como fomentador de talentos, ele se tornara ainda melhor e, com os anos, ganhou reputação em toda a empresa como o ponto de partida para muitas de suas estrelas ascendentes. E Harry também recebeu bônus por sua excelência no desenvolvimento de pessoal. O que Stan dissera enquanto tomavam cerveja era verdade. Seu chefe não podia viver sem ele!

Compreender os seus dons está no cerne do coaching. Os técnicos olímpicos se concentram no que há de melhor em seus atletas e minimizam os pontos fracos. Alavancar o que já está funcionando tornará sua qualidade de vida muito melhor, sem fazer com que você sinta que tem de se tornar algo que não é. Alavancar seus dons e gerenciar seus pontos negativos o ajudarão a se tornar ainda *mais* o que já é.

Você pode estar se perguntando por que deveria se concentrar naquilo em que já é forte, quando tem problemas em áreas que precisam de cuidado e atenção. E os meus pontos fracos que precisam ser burilados? Como no caso de Harry, nós todos nascemos com um certo número de qualidades e dons naturais. Para se tornar o mais produtivo possível e alcançar seu Objetivo Principal, uma peça-chave do alicerce é aumentar a pressão do que você tem. Aprender a alavancar seus dons e pontos positivos é mais inteligente e mais eficiente do que desperdiçar tempo consertando tudo em que não é bom.

Um querido amigo e mentor nosso é um dos mais prolíficos advogados de sua área. Não só é perfeito no tribunal, como também contribui regularmente para as mais prestigiadas publicações jurídicas e revistas de negócios, além de ser um palestrante muito procurado. Vítima de seu sucesso, nosso amigo freqüentemente sentia que sua vida estava fora de controle e não tão satisfatória como ele imaginava que ela seria nesse estágio de sua vida. Devido à nossa insistência, ele contratou um coach para ver se conseguia obter algumas respostas ou alguns *insights* para o seu dilema. Após cerca de um ano com seu coach, havia recuperado o controle de muitos aspectos de sua vida, aprendido a dizer não a muitas oportunidades, mantido sua saúde sob controle e estava mais em paz e produtivo do que jamais se sentira em toda a sua vida. Ele e seu coach tiveram uma conversa após os feriados, no começo do ano-novo. Durante a conversa, nosso amigo disse que nesse ano se comprometera a ser mais organizado do que nos anteriores. Seu coach lhe fez algumas perguntas sobre seu desejo de ser mais organizado, para ver se havia algo sob a superfície que se tornaria mais claro. Na conversa, nosso amigo confessou que sua mesa abarrotada e seu escritório que parecia ter sido saqueado sempre foram motivo de zombaria entre seus colegas. Além do mais, sempre viu a si mesmo como muito produtivo, apesar de sua total falta de disciplina e organização. Após alguns minutos, o coach interrompeu a conversa e disse:

— Por que não pulamos esta parte de se organizar este ano?

Nosso amigo não compreendeu.

— O que quer dizer com pular este ano? Sou desorganizado há 30 anos e está na hora de dar um basta nisso.

O coach então disse:

— Estamos trabalhando juntos há um ano, e acho que o conheço razoavelmente bem agora. Nunca trabalhei com ninguém mais produtivo e mais capaz de tomar decisões importantes. E acredito que o modo como organiza sua vida e suas pilhas de papéis é uma parte sua que não lhe serve de nada mudar, no esquema maior das coisas. O que lhe parece se pulássemos este assunto e mudássemos nossa discussão para outra coisa que gostaria de realizar este ano?

Nosso amigo ficou cético, mas decidiu prosseguir na discussão e concentrar-se em outras coisas. Levou alguns dias para perceber o que ocorrera como resultado da conversa. Percebeu que vinha se julgando sobre suas habilidades organizacionais desde a época do ensino médio. Havia uma pequena parte dele que sentia que ele era, de certa forma, fraco e indisciplinado porque tinha um escritório bagunçado. A conversa com seu coach permitiu que ele abandonasse este julgamento negativo sobre si e se concentrasse no que era bom, que era quase todo o resto em sua vida!

Compreender e concentrar-se em seus dons e minimizar sua atenção às coisas que não são seus pontos fortes podem ajudá-lo a obter o máximo da vida.

Além de aprender a concentrar-se em seus dons e em seus pontos fortes, também examinamos alguns dos obstáculos com os quais as pessoas se deparam quando trabalham com seus dons. Todo dom representa uma oportunidade, mas também vem com um lado obscuro potencial. Alguns têm lados obscuros enormes e, se não tivermos consciência deles, podem causar sérios problemas.

Ao reconhecer os dons que possuímos e o valor que eles comportam, podemos alavancá-los melhor para o nosso bem e para o bem dos outros. Parece óbvio para você? Utilizar seus dons parece usar o bom senso? Certamente nos parece, mas nossa experiência contínua demonstra que *não é* uma prática comum. Muitas pessoas compreendem a noção de dom instantaneamente e, no entanto, quando fazem um inventário, percebem que não alavancam seus dons ao máximo e, na verdade, têm lutado a vida toda para administrá-los. Nós até encontramos pessoas que renegam seus dons completamente, que é o que dá mais pena.

■ POR QUE OS DONS SÃO DIFÍCEIS ■
DE ADMINISTRAR?

Durante os últimos anos, prestou-se muita atenção ao valor da descoberta e da alavancagem dos pontos positivos. Em seu livro *Primeiro quebre todas as regras: As melhores práticas dos melhores executivos* (Campus, 1999), Marcus Buckingham e Curt Coffman partilharam sua descoberta sobre o principal diferencial entre os melhores gerentes e os medíocres. É a habilidade de utilizar e alavancar os pontos positivos de seus empregados de forma consistente, ao mesmo tempo em que descobrem maneiras criativas de minimizar o impacto de seus pontos negativos. Descobriram que os melhores gerentes romperam com a idéia consagrada pelo tempo, porém errônea, de que devemos desbastar nossos defeitos como indivíduos se quisermos obter êxito. De tudo que Buckingham e Coffman revelaram em sua extensa pesquisa, o que mais nos intrigou foi o fato de que os maiores gerentes compreendiam o conceito de dom de forma intuitiva. Também não nos surpreendeu que compreender e alavancar os pontos positivos do empregado não é uma tendência natural dos gerentes não tão bons. Por mais óbvio que o conceito possa ser, ele contradiz séculos de dogma cultural que nos diz que devemos ser completos e superar os defeitos, em vez de simplesmente utilizarmos nossos dons.

As pessoas não escolhem conscientemente fazer mau uso de seus dons — isto seria burrice demais. Elas não administram bem seus dons porque os interpretam equivocadamente.

1. **Se algo vem fácil, não pode ser tão valioso assim.** Vamos lá, admita que você acredita nisso bem no fundo do seu coração. Nós ouvimos o tempo todo: "Sem dor não há ganho." Freqüentemente, negamos nossos dons não porque eles não sejam especiais, mas porque os adquirimos facilmente. Você já não conheceu um atleta nato, aquele menino ou aquela menina que parecia ter nascido com uma raquete de tênis na mão? Ou um cantor nato, capaz de causar espanto em sua platéia desde muito cedo? Ou aquela criança magnífica, que mora na descida do quarteirão, de feições tão perfeitas que as pessoas param para olhar quando descem pela rua? Portadores de dons como atletismo e beleza raramente são estimados por seus dons — na verdade, ocorre justamente o oposto. As pessoas que manifestam seus dons muito cedo são vistas com freqüência como se esses dons tivessem sido passados a elas numa bandeja de prata. Embora saibamos que utilizar um dom natural e torná-lo uma habilidade refinada requerem muita prática, as histórias sobre os dotados concentram-se com freqüência em sua queda em desgraça, e não em sua luta. Como na história admonitória do livro *Casey at the Bat*, sobre o melhor rebatedor que fracassou por causa do excesso de confiança e de sua arrogância. Na verdade, a maior parte das histórias que ouvimos quando crianças fala do sujeito que obtém êxito devido à perseverança e à tenacidade, apesar de ter poucos dons naturais.

   "Eu acho que posso, eu acho que posso, eu acho que posso" — nós o desafiaríamos a encontrar uma criança americana que não tenha ouvido a história da "Maquininha que podia" (*The Little Engine That Could*). O que é difícil não perceber, é claro, é que a habilidade de perseverar face ao perigo ou à desilusão é um dom tão grande quanto qualquer outro.

Só porque um dom possa vir fácil para você não quer dizer que não deva ser levado em conta. Só porque é algo natural em você não quer dizer que não seja especial. Harry tinha dons tremendos: paciência, empatia, habilidade de ensinar, meticulosidade e persistência com as pessoas, mas ele era excessivamente humilde perto delas. O coaching e o desenvolvimento de pessoal eram tão naturais para Harry que ele subestimava essas habilidades. Não precisava se esforçar para ser bom nestas coisas; então, achava que não merecia crédito por elas. E foi só uma questão de tempo para os outros fazerem o mesmo. Assim que Harry identificou seus dons, foi capaz de encontrar uma maneira de serem percebidos como algo mais significativo para ele próprio e para os outros. Você possui alguns dons que possa estar subestimando?

2. **Não se vanglorie.** Já ouviu aquela velha canção? A segunda razão pela qual as pessoas freqüentemente subestimam seus dons é que muitas foram educadas para fazer exatamente isso. Deus me livre de sobressair e ser considerado pretensioso ou metido. Em algumas culturas familiares, isso é visto como maus modos.

"Ele se tem em alta conta, não é?"

"Ela acredita em si."

"Nossa, ele é cheio de si."

Nenhuma pessoa quer ouvir comentários assim. Isto está ligado à Terceira Perspectiva — Como você deseja ser visto? Nós geralmente preferiríamos ser vistos como humildes; a humildade é bastante atraente. Não é considerado bonito ou atraente uma pessoa reconhecer abertamente o quanto é talentosa, corajosa, cheia de princípios, inteligente, intuitiva, organizada e inspiradora. Para uma sociedade impregnada pela tradição judaico-cristã que prega que deixemos nossa luz brilhar por si mesma, certamente estamos no escuro quando se trata de dons. Mas encobrir um dom para poder se ajustar é uma coisa; outra é ignorar sua existência.

"*Quem você pensa que é?*" Esta frase capta a essência dos lares onde os dons não são apenas subestimados, mas, na verdade, são alvo de ofensas. Em seu contexto mais destrutivo, esta pergunta é uma grosseria, um jeito insidioso de impor a acomodação. Esta pergunta mordaz é freqüentemente lançada como uma maneira de nos fisgar, manter-nos em nosso lugar, lembrar-nos da opinião de alguma pessoa sobre quem deveríamos ser. *"Quem você pensa que é?"* é uma pergunta que muitos de nós também associam à escola e a um professor autoritário. Com essa pergunta, ensinam-nos que, ao reconhecer ou falar de nossos dons e de nossas habilidades, estamos cometendo o pecado de reivindicar que somos melhores do que os outros. Para muitas pessoas, o pecado do orgulho é tão terrível que deve ser erradicado a qualquer preço.

Sob o medo de ter filhos convencidos, está um temor profundo, e freqüentemente inconsciente, de que a vaidade também é perigosa. A vaidade convida Deus e as forças do universo a ensinarem uma lição àqueles que se têm em alta conta. Mas, em muitos casos, as lições bem-intencionadas, dadas por pais e professores, não são recebidas de maneira equilibrada. Melhor dizendo, essas mensagens são levadas tão a sério que chegam a ter um impacto muito forte sobre nós para o nosso próprio bem. Dom? Que dom? Se não está em um ambiente que apóie o seu dom específico, talvez você não o tenha reconhecido. A velha história do Patinho Feio é o exemplo perfeito dos dons naturais colocados em um ambiente onde eles representam um risco, não um bem. Temos uma amiga que cresceu ouvindo o refrão "Fique quieta. Não seja tão dramática", e agora ela trabalha como palestrante regiamente recompensada pela eloqüência vibrante e carismática que atraiu toda aquela crítica em sua infância. Em alguns ambientes, a tagarelice animada é uma maldição; noutros, representa um bem.

Quando um dom é visto como uma maldição ou algo a ser erradicado, o hábito de negá-lo é difícil de romper. As pessoas mais eficientes compreendem e aceitam plenamente que seus bens ainda têm uma perspectiva saudável sobre seu valor. Elas apreciam e alavancam seus dons, embora permaneçam humildes e gratas por eles.

3. **Cuidado com o monstro de olhos verdes.** A razão final pela qual freqüentemente temos problemas com nossos dons é que nossa experiência com eles mostra que são capazes de provocar a ira dos outros. Desde

a infância, aprendemos que aqueles que se destacam na vida são vítimas freqüentes do ciúme e do desprezo de seus pares. O fato de alguns possuírem dons que os tornam populares e outros sofrerem com a inveja das pessoas é um mistério.

O que realmente sabemos é que esperar que os outros não sintam inveja dos nossos dons é ingenuidade. Qual é a recompensa para as crianças que nascem com inteligência e passam sem problemas pela escola? Elas freqüentemente são tachadas de "sabe-tudo" ou "cdf". Esta lição é suportada por todo o ensino médio e chega ao local de trabalho. Os outros odeiam pessoas com inteligência extraordinária. E se você combinar a inteligência com outro dom, tal como a beleza física, os críticos realmente vão levar para o lado pessoal. Quantas vezes vimos mulheres inteligentes não se apurarem no vestir para esconder sua beleza? Por que fariam isso, principalmente numa sociedade que valoriza tanto a beleza? Porque elas aprenderam ao longo da vida que o fato de ser dotada de beleza na verdade mina o reconhecimento de sua inteligência.

Algumas dessas razões encontram eco em você? É possível que você tenha negado ou escondido um dom valioso que vai se desperdiçar? Agora é a sua vez de avaliar seus dons, todos eles, até mesmo aqueles que não tenha admitido até agora.

Faça, no quadro a seguir, uma lista de seus dons. Se não tiver certeza de que é um dom, suponha que seja. Use as perguntas na coluna da direita para inspirá-lo e guiá-lo nas respostas às perguntas da coluna à esquerda.

Agora, você tem uma noção preliminar de seus dons — e está lutando contra o que o impede de nutri-los e fazê-los crescer —, é hora de levar em consideração alguns princípios sobre os dons que serão úteis para ajudá-lo a compreendê-los melhor. Eles são facas de dois gumes porque, às vezes, comportam riscos. Enquanto recapitulávamos as razões pelas quais negamos ou ocultamos nossos dons, alguns dos riscos tornaram-se claros. Todos os dons têm um lado obscuro potencial; esses princípios devem ajudá-lo a administrar isso. Não que todos esses princípios se apliquem a você — eles são maneiras práticas de proceder.

| Minha folha de identificação de dons | |
|---|---|
| Tenho dom para: | O que faço naturalmente, facilmente e sem esforço quando ninguém está olhando? |
| 1. | |
| | O que em mim inspira os outros, embora seja fácil para mim? |
| 2. | |
| | O que aprendi facilmente e continuo a desenvolver sem esforço? |
| 3. | |
| | Pelo que sou elogiado que nem mesmo tenho de pensar a respeito (ex.: humor, percepção rápida, estilo, pensamento lógico, coragem, instinto para planejar)? |
| 4. | |
| 5. | O que em mim deixa os outros com inveja? |
| | O que sei que é especial com relação a mim, mas tento esconder? |
| 6. | |
| | O que em mim me dá prazer, mas provoca um sentimento de culpa? |
| 7. | |
| | Qual é a minha vaidade secreta? |

### ■ REGRAS DOS DONS ■

- Podemos ter uma quantidade ilimitada deles.
- Devemos identificar e assumir a responsabilidade pelo impacto que nossos dons têm sobre os outros.
- Só porque podemos fazer algo bem, não quer dizer que devemos fazê-lo.

#### A REGRA DOS DONS ILIMITADOS

Nossa cultura nos diz que não deveríamos ter "demais" — atributos positivos, dinheiro, amor ou oportunidades em excesso. Isto é considerado impróprio e deixa os outros sentindo-se mal. A inveja e a cobiça não revelam o melhor nas pessoas, e qualidades demais podem despertar todos os tipos de atenção negativa. Por exemplo, uma mulher pode ser considerada bem-sucedida ou amistosa, mas as pessoas podem desconfiar se ela for as duas coisas. Seus pares podem falar sobre o quanto a odeiam se ela também for generosa e gentil. Ter um dom ou uma combinação poderosa de dons requer grande responsabilidade por parte do portador.

Como dissemos, nossas famílias também nos mantêm humildes, em parte pelas razões mencionadas na seção anterior, mas também para manter um senso de igualdade entre os irmãos. Nós ouvimos o tempo todo: "Meu irmão é o inteligente; eu sempre fui o boa-praça." Mas onde está escrito que você só pode ter um dom? As pessoas têm tendência a limitar-se e aos outros quanto ao número de dons que podem ter. Essa limitação infringe a lei da natureza, pois, onde há um dom, freqüentemente existem muitos. A maioria das pessoas tem muito mais de um.

Isto aponta para um outro aspecto dessa regra: aqueles com dons múltiplos devem escolher onde se concentrar. Não é tão comum assim, mas é uma situação difícil de se lidar quando acontece. Algumas pessoas simplesmente possuem mais do que talvez possam utilizar ao mesmo tempo. As pessoas com quem trabalhamos ao longo dos anos e que realmente necessitam de ajuda na administração de seus dons são aquelas que os têm em excesso. Quando as pessoas possuem dons demais, tentar concentrar-se em muitas coisas de uma só vez pode ser devastador. Uma pessoa que tem múltiplos dons poderosos deve fazer escolhas difíceis a respeito de suas prioridades. Lembre-se de que a regra é ter dons ilimitados. Mas cada dom deve ser administrado individualmente, se se quiser evitar o efeito de seu lado obscuro. Mesmo que você decida não fazer nada com um dom, saiba que ele tem conseqüências, senão advindas de você, então, potencialmente, dos outros.

Marianne Williamson, em seu livro *Um retorno ao amor* (Novo Paradigma, 2002), capta a essência do que gostaríamos de acreditar a respeito dos dons. A citação a seguir tem inspirado milhões de pessoas — é uma visão maravilhosa. Nelson Mandela a utilizou em seu discurso de posse para causar grande efeito.

*Nosso mais profundo temor não é que sejamos insuficientes. Nosso mais profundo temor é que sejamos muito poderosos. É nossa luz, não nossa escuridão, que mais nos apavora. Perguntamo-nos: Quem sou eu para ser brilhante, lindo, talentoso, fabuloso? Na verdade, quem é você para não ser? Você é filho de Deus. Diminuir-se não serve ao mundo. Não há nada iluminado em se encolher para que os outros não se sintam inseguros à sua volta. Nós todos devemos brilhar, como as crianças fazem. Nascemos para manifestar a glória de Deus, que está dentro de nós. Não está apenas em alguns de nós; está em todos. E, ao deixarmos nossa própria luz brilhar, inconscientemente damos aos outros a permissão de fazer o mesmo. Ao nos libertarmos de nosso temor, nossa presença automaticamente liberta os outros.*

Adoramos esta visão — e também sabemos que é um pouco como o "Eu tenho um sonho", de Martin Luther King. A espécie humana caminha nesta direção, mas nós não chegamos lá ainda. Acreditamos que nosso mais profundo temor *é* que sejamos poderosos demais. Mas também reconhecemos que nosso temor é o resultado da *responsabilidade* que vem com o poder; nosso temor é que os outros não utilizem nossa luz como uma concessão, mas farão uso de nossa glória e de nosso poder contra nós. Porque é isto que as pessoas experimentam o tempo todo. O que nos remete à próxima regra.

### A REGRA DA RESPONSABILIDADE PELO IMPACTO

A segunda regra sobre os dons é que devemos identificar e assumir a responsabilidade pelo impacto que nossos dons têm sobre os outros. É necessária uma enorme coragem para fazer isso, e nem sempre estamos à altura. Quando obtemos êxito, freqüentemente recebemos apoio e louvores daqueles à nossa volta. Infelizmente, o sucesso freqüentemente vem acompanhado de algumas coisas que não planejamos. Nosso sucesso geralmente deixa os outros desconfortáveis conosco e com eles mesmos. Para aqueles que vêem o mundo em preto-e-branco, se alguém está vencendo, isto significa que alguém está perdendo. Se você recebe uma promoção, pode ser uma grande vitória para você, mas também uma derrota para outra pessoa. Justa ou injustamente, você pode ser julgado por seu sucesso ou ressentir-se dele. Essa dinâmica é aceita nas famílias como rivalidade entre os irmãos, onde os irmãos e as irmãs experimentam fortes sentimentos de competição e superação. Enquanto os irmãos também se amam e desejam êxito um ao outro, eles freqüentemente se vêem competindo ao longo da vida toda.

Os relacionamentos com colegas de trabalho e amigos podem ser muito parecidos com a rivalidade entre irmãos. Então, enquanto você reflete sobre os dons que possui e como pode alavancá-los da melhor forma, lembre-se de que, para cada um dos seus dons, você também deve compreender como esse dom ou seu sucesso pode afetar outra pessoa. Isto é especialmente verdade se você tiver vários dons que valham a pena. Aqueles que se vêem como possuidores de poucos dons ou opções podem odiá-lo por você possuir tantos. Isto é apenas um fato da vida com o qual você tem de aprender a conviver. A única maneira que conhecemos de lidar com essas pessoas é sendo sempre gentis com elas. E utilize o comportamento delas como um lembrete para se auto-avaliar e ver como pode estar fazendo a mesma coisa em outra área de sua vida.

Aqui estão algumas maneiras como as pessoas podem reagir aos seus dons e o que você pode fazer a respeito.

Algumas pessoas podem idealizar você e suas habilidades. Quando isso acontece, podem-se criar expectativas irrealistas para seu desempenho e sua conduta. Quando, ao final, você mostra que é apenas humano, não vivendo de acordo com expectativas excessivamente altas, pode ser censurado ou atacado. Preste bastante atenção às pessoas que parecem ser excessivamente lisonjeiras ou adoráveis. Elas podem acabar sendo muito perigosas se você as desapontar. Seja claro a respeito do que pode fazer exatamente, e tome cuidado para nunca prometer demais. Administre suas expectativas e seus acordos de maneira escrupulosa; lembre-os de seus pontos fracos e deixe que eles o vejam suar para que não tenham a idéia de que é moleza para você.

Outras pessoas podem despender muito tempo e esforço competindo com você, em vez de se concentrarem em seu próprio crescimento, desenvolvimento e desempenho. Não é responsabilidade sua salientar isto para elas, mas pode tomar cuidado para não se deixar envolver em uma corrida para a qual não se tenha inscrito. Quando os outros decidem competir com você, só se torna problema seu se eles estiverem dispostos a sabotá-lo para vencer. Então, você tem de confrontá-los e estabelecer limites.

Finalmente, se um de seus dons é carisma ou forte poder pessoal, você precisa conhecer um fenômeno que é extremamente difícil de diagnosticar. Não é assim tão comum, mas acontece, e é extremamente apavorante quando ocorre. Esse fenômeno só se dá quando as pessoas acreditam que você é mais poderoso do que elas. Nada dizem a esse respeito, e você não fica sabendo de nada. Elas lhe dão mais poder do que desejou e pediu, e depois se ressentem com você por causa disso. Estranho? Pode apostar que é. Mas você terá o ressentimento de alguém por motivos que não consegue sequer imaginar.

"O que eu fiz com ela?", você pensa. Não há resposta, afinal você apenas se mostrou como é. O que fazer a respeito? Uma saída é tentar fazê-las pegar seu poder de volta. Gentilmente, devolva a elas a responsabilidade que tentam conceder-lhe. Recuse-se a dar conselhos ou opiniões. Pergunte-lhes o que elas acham ou, em vez disso, o que elas fariam. Mostre-lhes os dons que você vê nelas; faça o que puder para ajudá-las a construir sua própria confiança. Se nenhuma dessas opções funcionar, você deverá ficar o mais distante possível delas.

No começo de sua carreira de coaching, Madeleine trabalhou com inúmeros escritórios de advocacia. Foi contratada para treinar advogados a desenvolver sua capacidade de "fazer chover". *Fazer chover*, neste caso, é o termo utilizado para aumentar a clientela e conquistar contas grandes. Muitos advogados se viam como especialistas e a venda era algo aquém deles. No entanto, alguns dos mais talentosos profissionais do escritório eram também grandes vendedores. Os fazedores de chuva foram capazes de ver o valor que o escritório estava gerando e comunicar isto bem aos clientes, fazendo-os utilizar serviços jurídicos de forma mais extensiva e estratégica. Em resumo, foram capazes de aumentar a confiança e o bom relacionamento com seus clientes e gerar mais receita.

O interessante é que, enquanto os sócios seniores nutriam o desejo de desenvolver habilidades de "fazedores de chuva" entre seus advogados, uma advogada que começou a desenvolver a habilidade de gerar mais negócios freqüentemente sofria conseqüências negativas. Seus clientes relataram:

*"Eu finalmente trouxe um novo negócio, e o sócio me tira a conta!"*
*"Desde que aumentei a comissão mensal, tenho sido tachada de criadora de caso!"*
*"Você teria pensado que eu perdi o negócio e não que o expandi!"*

Alguns foram tirados de contas importantes pelos sócios seniores. Outros receberam feedback dos colegas preocupados, para os quais eles estavam entornando o caldo, e outros ouviram que coisas maldosas estavam sendo ditas a seu respeito. A princípio, Madeleine ficou confusa, até perceber que as conseqüências negativas eram reações aos sucessos recentes. Alguns dos advogados que achavam difícil fazer chover se sentiram ameaçados pelo sucesso crescente dos outros. Assim que perceberam que o sucesso causava conseqüências inesperadas, os advogados conseguiram desenvolver estratégias para administrar as reações dos outros.

Quando você aprende a assumir responsabilidade por seus dons e suas habilidades, não retarda seu desempenho. Em vez disso, descobre como administrar o impacto de seus dons sobre os outros. No caso dos advogados, eles se certificaram de manter os sócios seniores completamente informados sobre suas atividades e envolvidos em quaisquer tentativas de aumentar o negócio da conta. Concentraram-se em dividir o ganho com os outros e deram crédito por qualquer coisa que qualquer outra pessoa fizesse, não obstante o tamanho. Ao aumentar de forma radical a comunicação e o envolvimento, eles transformaram os temores de seus colegas e superiores em apoio.

É de extrema importância que você assuma total responsabilidade por seus dons e pare de esperar que o mundo o aceite e o elogie por eles.

## A REGRA DA ESCOLHA

A terceira regra dos dons é que somente porque você pode fazer algo bem-feito não significa que deva fazê-lo. Um dos aspectos mais obscuros dos dons é a pressão que eles podem exercer. Isto tornou-se claro para Madeleine durante uma conversa com uma amiga muitos anos atrás. Liza, uma cantora de ópera extremamente talentosa, estava agonizando em sua carreira. Ela tinha dois filhos pequenos e outro a caminho, e iniciara um serviço de babá para gerar a renda necessária. Ela estava chateada porque, conforme desabafou, Deus lhe concedeu uma voz extraordinária e ela não a estava usando.

Arrependia-se profundamente por não ter seguido sua carreira de cantora, e seu negócio de babá não atendia a nenhuma de suas necessidades pessoais atuais, a não ser a renda. Não conseguia aliviar sua culpa por não realizar o que já tinha pensado ser o seu destino.

Durante a conversa, Liza listou as coisas que eram realmente importantes para ela e examinou seus muitos outros dons, menos líricos, porém igualmente valiosos. Conseguiu colocar o dom de sua voz em perspectiva; ela o alimentaria o máximo que pudesse, concentrando-se em apreciá-lo, em vez de sentir-se obrigada a *fazer* alguma coisa com ele.

Agora, Liza mora em Connecticut e administra um lucrativo serviço de babá, enquanto cria três lindos filhos como mãe em tempo integral. Canta na igreja, uma contribuição significativa, que também lhe proporciona satisfação pessoal e pública. Não se sente mais culpada por não ser a superestrela de ópera que outrora pensou que deveria ser.

Só porque você pode, não quer dizer que deva.

As pessoas acham que estão nos fazendo um favor ao nos dizer que somos tão bons em alguma coisa que "deveríamos" segui-la como carreira. Mas este é um erro que vemos as pessoas cometerem inúmeras vezes. Num livro revolucionário chamado *Siga sua vocação que o dinheiro vem* (Nova Era, 1995), Marsha Sinetar ajuda as pessoas a trabalharem por meio da psicologia do sustento correto, guiando-as para encontrar o trabalho mais adequado para elas. O título do livro é incrivelmente poderoso e tem inspirado as pessoas a tomar decisões afoitas sem o ler com cuidado! "Afoitas", porque o título é enganoso no caso de empresários e artistas. O livro cobre em detalhes tudo o que envolve assumir os riscos necessários para construir uma vida em torno de um trabalho que não gera automaticamente renda e segurança. O livro expressa a visão importante de que trabalhar como empresário ou artista sem dúvida requer uma cabeça para os negócios, algum tipo de sistema de suporte financeiro, além de muita paciência e persistência. Mas aqueles que se detêm apenas ao título, acabam fazendo escolhas equivocadas. Precisam entender que apreciar o seu dom não implica necessariamente construir uma vida ou até mesmo um Objetivo Principal em torno dele. Na verdade, este pode ser o jeito certo de eliminar o prazer que alguns dons proporcionam.

A clareza em relação aos dons é um dos maiores bens que o coaching pode oferecer a um indivíduo. Ajuda-o a distinguir entre as exigências impostas pela própria pessoa e o que ela *decide* enfocar agora. Clareza é o que você obterá ao fazer o exercício na página 110.

Escolha um dom em particular da lista que você produziu no exercício anterior. É melhor escolher um que provoque algum conflito interior. Faça o mesmo exercício para cada um de seus dons. Use as perguntas na coluna da direita para guiá-lo nas respostas das perguntas na coluna da esquerda. Escreva suas respostas na coluna da esquerda.

- Todo dom é uma faca de dois gumes. Fique atento às recompensas e ao lado obscuro de cada dom, a fim de alavancá-lo de forma plena.
- Mesmo que não tenha pedido para ter o seu dom, ele é seu e, portanto, é sua responsabilidade administrá-lo.
- Ajudar os outros a lidar com o dom que possuem e a apreciá-lo dobra o seu valor.

## Folha da alavancagem dos meus dons

Meu Dom:_____

| | |
|---|---|
| Quem mais o vê? | Quem notou isso a meu respeito? <br> Eles querem o meu bem ou não? |
| Como ele afeta os outros? | As pessoas incentivam este meu dom? <br> Ele é considerado negativo de alguma forma <br> em meu ambiente? <br> Os outros o consideram totalmente positivo? <br> Incomoda as pessoas? De que maneira? <br> Inspira as pessoas? <br> Causa inveja nos outros? <br> Faz os outros se sentirem desconfortáveis? |
| Como é útil para mim? | Trouxe-me coisas que não tenho certeza de que mereço? <br> Ajudará a atingir o que desejo? <br> Propicia-me coisas que os outros desejam mas não têm? |
| Como é um fardo? | Às vezes, gostaria de não possuir este dom? <br> Fantasio a respeito de ser uma pessoa como as outras? <br> Tenho inveja das pessoas que não possuem este dom? |
| De que maneira nego ou repudio este dom? | Tento compartilhá-lo com outros que não o desejam? <br> Tento ensinar a outras pessoas como ter o <br> mesmo dom porque não quero ser o único <br> com ele, uma vez que me sinto culpado? <br> Finjo que não tenho este dom quando é conveniente? <br> Às vezes, gostaria de não possuí-lo? <br> Tento fingir que não é importante ter este dom? <br> Tento fingir que ele não afeta minha vida ou meu sucesso? |
| Como alavanco meu dom para realizar meu objetivo básico? | Alavanco meu dom da melhor maneira, a fim de atingir meus objetivos? <br> Uso meu dom para satisfazer minhas necessidades de forma apropriada? |
| Como nutro meu dom? | Abraço gentilmente e aprecio este dom sem me sentir culpado? <br> Reajo de forma elegante aos que admiram meu dom? <br> Expresso gratidão por meu dom de forma regular e com humildade? |

| | Busco a companhia de outras pessoas que compreendem as implicações e o total valor de meu dom?<br>Busco compartilhar meu dom com outros que possuem um grande desejo e disposição de apreciar e ajudar-me a alavancar meu dom sem abusar dele? |
|---|---|
| De que forma ele me atrapalhará? | Às vezes, esqueço como meu dom afeta os outros?<br>Eu o tomo como certo? |
| O que farei de agora em diante para estimar e alavancar meu dom o máximo que puder? | Quem me ajudará a ser cuidadoso com meu dom?<br>Como me lembrarei de apreciá-lo? |

# CAPÍTULO SEIS

# Satisfaça suas necessidades

*Como você mina a si mesmo?*

Uma necessidade pessoal é aquilo que você deve atender para alcançar e manter um estado de pico. As necessidades e sua habilidade de satisfazê-las são parte fundamental de sua jornada de coaching. Não estamos falando de necessidades básicas de sobrevivência, tais como comida e abrigo — estamos nos referindo a necessidades profundamente pessoais e freqüentemente emocionais. Como as necessidades *são* tão pessoais, pode ser difícil admitir que as temos. Deus nos livre de parecermos necessitados. Ter necessidades pode nos fazer sentir tão aterrorizantemente vulneráveis que desenvolvemos o hábito de negá-las até mesmo para nós mesmos ou, se estivermos conscientes delas, de tentar ocultá-las dos outros. Mas que todos temos necessidades é um fato simples, uma realidade inegável. Também é verdade que elas causam muito menos problemas quando são identificadas e cuidadas.

Problema? Como as necessidades causam problemas? Ao serem satisfeitas, de forma consciente ou inconsciente — e de maneira produtiva e improdutiva. Como as necessidades *serão* satisfeitas, você pode escolher entendê-las bem ou permitir que elas governem o seu comportamento de maneira que peguem você (e os outros) de surpresa. Vamos deixar claro que a pergunta não é "Satisfaço minhas necessidades?". É "*Como* satisfaço minhas necessidades?".

Afinal de contas, sua chance de alcançar seu Objetivo Principal apenas aumenta se você constrói seus sistemas e sua comunidade cuidando para que as suas necessidades sejam bem atendidas.

## Instantâneo:

Tim é o CEO de uma pequena nova empresa que está no negócio há dois anos e garantindo aos poucos sua lucratividade. Fiel ao seu temperamento, ele está ficando entediado com os pequenos detalhes que envolvem a administração do negócio, embora esteja extremamente comprometido em tornar a empresa bem-sucedida. Ao lado de seus muitos troféus de golfe e quadros de buracos de golfe famosos estão tiras emolduradas de Dilbert. Ele acha Dilbert hilariante porque já passou pela experiência de cair em armadilhas da infinita política corporativa, um mundo de mãos atadas onde ninguém toma uma decisão para que possamos voar sob o radar. Ele escapou desse pesadelo bem a tempo.

Tim reconhece que tem necessidade de urgência e objetividade, mas, às vezes, se esquece. Acabou de ter uma conversa com sua vice-presidente de vendas, que está de novo chateada porque ele fechou um acordo bastante criativo com um cliente, derrubando e passando por cima de todos os protocolos com os quais a equipe inteira de liderança havia concordado. A comunicação entre ambos, que já não era boa, ficou péssima; Tim praticamente bateu o telefone na cara dela. Ele esperava pelo menos alguma resposta positiva; afinal de contas, fizera uma venda excelente e bastante necessária. Está chateado com sua vice-presidente, mas o pior é que se sente muito mal consigo porque sabe que está alvejando a si próprio ao irritar, mais uma vez, um valioso membro da equipe.

Tim, todavia, teve a experiência de trabalhar com um coach e tem conhecimento sobre as necessidades. Ele se faz a velha pergunta reveladora das necessidades: "Quando me comporto de maneira que não respeito ou que não me serve, que necessidade estou satisfazendo?"

Ah! É claro! Sua necessidade de urgência o agarrará o tempo todo. Ele percebe que essa necessidade e o tédio que o dominou recentemente indicam que precisa mudar o seu papel na empresa, dirigindo sua atenção mais diretamente para a obtenção de excelentes resultados do que para a administração do dia-a-dia. Começa a planejar mudanças significativas na maneira como agirá dentro dessa empresa; não tem idéia de o quanto a equipe sênior ficará aliviada.

Vamos encarar os fatos. A maioria de nós não teve muitos modelos de pessoas que conseguem manter-se determinadas a satisfazer suas necessidades pessoais e ainda dão atenção a quem está à sua volta. O mais comum é encontrar pessoas que atendem às suas necessidades com prepotência, reclamando dos outros, ou seja, sendo egoístas. Ouvimos os outros falarem sobre estas pessoas e pensamos que nunca faremos igual.

Desde muito cedo, muitos de nós aprendemos a rejeitar nossas necessidades, com medo de parecermos egoístas, sem espírito de equipe. Freqüentemente, vemos esse hábito de rejeitar nossas necessidades como sendo útil ou até mesmo saudável; afinal de contas, chegamos até aqui. Todavia, rejeitar suas necessidades só o leva até aqui e nada mais além.

A fim de funcionar no nível que você exige de si mesmo sem se esgotar, você simplesmente terá de se permitir satisfazer suas necessidades — ser *egoísta* —, mas de uma maneira que não o alheie de seus amigos ou diminua sua influência. O paradoxo que você descobrirá é que, à medida que compreende a si próprio, os outros acharão mais fácil compreendê-lo. Eles o ajudarão durante a maior parte do tempo. Linda Berens, uma especialista em tipos psicológicos e em como as diferenças de personalidade afetam os relacionamentos, diz o seguinte sobre as necessidades: "As necessidades representam... a força motriz. Os indivíduos, consciente e inconscientemente, buscam todos os meios para satisfazerem suas necessidades. Quando essas necessidades são satisfeitas, o indivíduo se torna energizado e leve de espírito. Quando essas necessidades não são satisfeitas, o indivíduo é sugado em sua energia e sofre de insatisfação ou estresse."

*Sugado em sua energia? Insatisfeito de alguma forma não-identificável?* Parece familiar? Examinemos o que você pode fazer a respeito.

O primeiro passo é identificar suas necessidades. A identificação de necessidades requer um pouco de trabalho de detetive e é mais direta para uns que para outros. Algumas pessoas mantiveram seu compromisso de aparentar "não ter necessidades" por tanto tempo que se convenceram de que não têm necessidades. Se esse perfil se parece com o seu, você deve estar desejando saltar este capítulo completamente. Resista a este impulso, porque sua rejeição finalmente o alcançará. Esta é a sua chance de cortar o mal pela raiz. Se tiver alguma idéia de quais sejam suas necessidades, mas desenvolveu o hábito muito comum de ignorá-las ou de encobri-las, você tem muito trabalho a fazer.

Uma vez que tenha identificado quais são suas necessidades, o próximo passo é permitir-se tê-las. Elas são suas. Se já as trouxe de fábrica ou se as desenvolveu com o tempo, não é o que será discutido aqui. Elas são suas e não há como escapar. Permitir-se a posse de suas necessidades é de importância crucial. Para muitas pessoas, seu coach é a primeira pessoa na vida que lhes dá esta permissão. Então, nós, como seus coaches agora, concedemos-lhe essa permissão. Se não funcionar com você, responda a esta pergunta: Exatamente de quem você precisa de permissão? Se já tem idade suficiente para estar lendo este livro, a única pessoa de quem precisa de permissão estará olhando para você quando você se olhar no espelho. Pense nisso. E lembre-se: você pode fazê-lo agora ou mais tarde, mas, no final, desejará fazê-lo.

Assim que a permissão for concedida, você traçará um plano para as suas necessidades. Você pode lidar com elas uma a uma, ou com várias de cada vez. Seu plano exigirá que você pratique. Aprender como satisfazer suas necessidades requer prática e uma boa dose de dedicação e persistência. As primeiras tentativas podem não funcionar como planejado. Você não pode parar ao primeiro sinal de resistência. Precisará do apoio de pessoas em quem confie.

Se a possibilidade de pedir ajuda o deixa louco, volte ao Capítulo 4 e leia o item "Identifique os agentes". Chegar sozinho aonde você está indo não será possível, não irá acontecer, então desista agora. Ou talvez você esteja pensando que disfarçou suas necessidades de maneira eficaz e não vai revelá-las a ninguém. Esqueça. Todo mundo as vê de qualquer maneira. Ou eles estão educadamente desviando o olhar, ou caçoando de você pelas costas; por isso, seria uma boa idéia revelá-las publicamente.

Esteja em estado de profunda negação ou apenas encoberta, "*O que você está tentando esconder?*" é a pergunta a ser feita. Esta pergunta está diretamente ligada à Terceira Perspectiva: Como você deseja ser visto? *Não podemos ocultar nossas necessidades.* Na verdade, por mais que tentemos, mais óbvias elas se tornam e mais vulneráveis ficamos.

Quando alguém deixa transparecer que precisa de reconhecimento, é possível que esteja satisfazendo uma necessidade, mas seria muito mais fácil para todos à sua volta que o pedido fosse feito de forma direta. Talvez você sinta necessidade de ser admirado, e essa necessidade se expresse quando você evita conflitos — assim, você pode simplesmente privar-se de discutir sobre qualquer coisa. Ou talvez relute em tomar decisões que possam desapontar outras pessoas e, então, não toma decisões. Ao final, ninguém ganha. Dessa forma, tudo se torna chato ou frustrante para todos os envolvidos.

Vimos que a necessidade de se preparar e se antecipar aos acontecimentos faz com que persigamos os colegas, provocando, assim, conflitos indesejados. Vimos pessoas que sentem necessidade de realização individual em situações nas quais o sucesso do grupo é primordial; tais necessidades podem levar à frustração. A lista não tem fim, mas, felizmente, apenas algumas se referem a você. Cada uma de suas necessidades influencia seu comportamento e suas atitudes e, se não são identificadas, a situação pode levar a uma frustração sem fim. Reconheça suas necessidades, e descubra como tratá-las para que o fortaleçam, proporcionem bem-estar e gerem sucesso.

## ■ UMA BREVE HISTÓRIA DAS NECESSIDADES ■

Abraham Maslow estabeleceu uma teoria amplamente aceita hoje em dia, de que todos os seres humanos possuem uma hierarquia de necessidades, que deve ser satisfeita numa ordem específica. Seu trabalho fluiu para o espírito do tempo, da mesma forma que a noção do inconsciente de Freud. Sua visão dos seres humanos é mais otimista que a de Freud.

Segundo Maslow, os seres humanos vêm programados para satisfazer suas necessidades básicas de abrigo, ar, comida e água. Uma vez que estas necessidades são satisfeitas, as pessoas ficam livres para buscar estabilidade e segurança em suas vidas; geralmente, isso é representado por uma forte unidade familiar. Depois, quando as pessoas se sentem seguras e estáveis, o próximo impulso natural é buscar grupos nos quais se sintam aceitas e formem companheirismo. Esta é a necessidade de integração. Só depois as pessoas estão livres para satisfazer suas necessidades de estima, que, geralmente, tomam a forma de competência ou conhecimento profundo. Há uma sobreposição da necessidade de fazer parte e das necessidades de estima. Os seres humanos buscam naturalmente a integração em grupos que reconheçam seus feitos. A última necessidade na hierarquia de Maslow é a auto-realização, ou o profundo desejo de maximizar seu potencial. A auto-realização freqüentemente toma a forma de uma busca por conhecimento, uma vida devotada a Deus e o que geralmente consideramos auto-satisfação. A hierarquia tem esta forma:

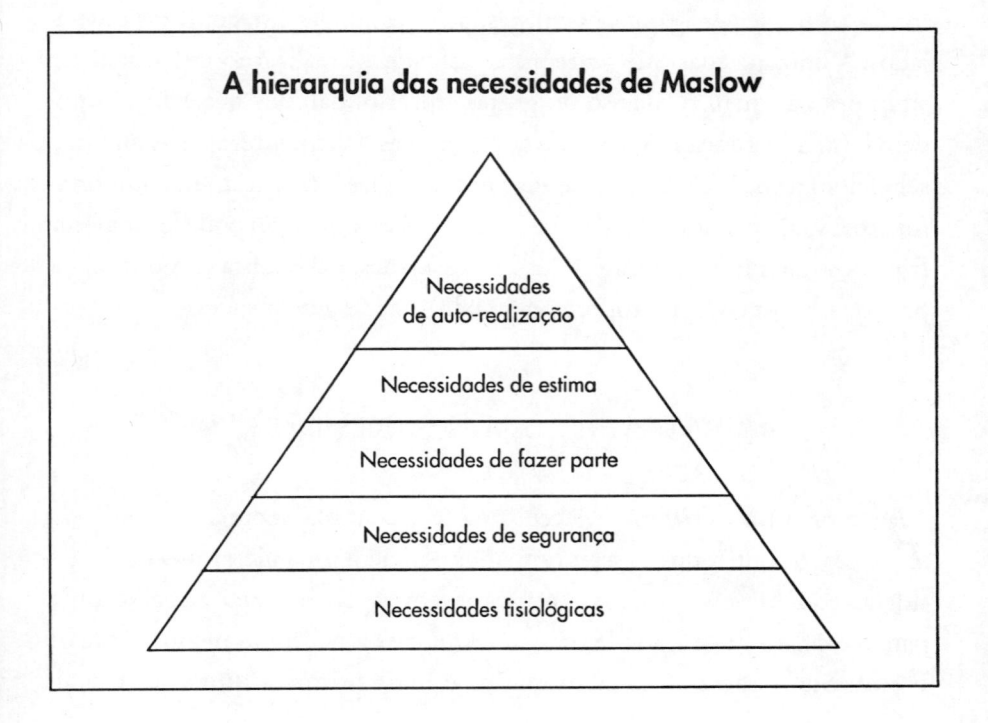

## A hierarquia das necessidades de Maslow

Necessidades
de auto-realização

Necessidades de estima

Necessidades de fazer parte

Necessidades de segurança

Necessidades fisiológicas

Há uma boa chance de que você tenha as duas primeiras ou até três, deslocando-se do fundo da pirâmide para cima, muito bem supridas. Existe uma infinidade de programas sociais para dar assistência às pessoas que buscam satisfazer as necessidades relativas à fileira inferior. A criação do coaching como profissão foi essencialmente uma resposta ao número de pessoas que buscam satisfazer suas necessidades de estima e auto-realização. A percentagem de pessoas que se voltam para essas necessidades é maior agora do que em qualquer outra época da história moderna, e estamos apenas começando como cultura a compreender essas necessidades e a fornecer múltiplos caminhos para satisfazê-las. O coaching apareceu em resposta ao profundo desejo de muitas pessoas de refletir mais profundamente sobre os relacionamentos e fazer distinções mais claras para nos expressarmos melhor.

## ■ SUPERANDO OS OBSTÁCULOS ■

Quando as necessidades são identificadas, é comum que as pessoas imponham obstáculos a si mesmas no momento de supri-las. Por que fazem isso? Porque esses obstáculos são o resultado direto de como as pessoas se vêem, como acreditam que os outros as vêem, como desejam ser vistas e suas próprias crenças intransigentes em relação ao que constitui um comportamento eficaz. Escutamos quase todas as razões existentes. Quais são as suas?

Fazer o Mini-Scrubdown das Necessidades pode lançar um pouco de luz sobre nossas crenças e nossos modelos de pensamento. Na seção mais adiante, você encontrará uma breve discussão que o ajudará a mudar um pouco sua perspectiva. Como nos outros Scrubdowns, basta circular as letras V ou F para assinalar cada afirmação como *verdadeira* ou *falsa*.

Todos nós temos razões para ignorar nossas necessidades — razões sólidas e válidas que nos têm servido bem. E todos sabemos que os seres humanos podem suportar quantidades enormes de dor e privação. No caso da dor causada pela não-satisfação de suas necessidades, a pergunta-chave seria

## O Mini-Scrubdown das Necessidades

1. Fui educado para não pedir ajuda.                                    V F
2. Não mereço satisfazer minha necessidade.                              V F
3. Minha necessidade é cara demais.                                      V F
4. Quero acreditar que sou "o máximo".                                   V F
5. Não gostaria de me estragar — poderia ficar muito bonzinho.          V F
6. Não quero ser como _____.                      V F
7. Minha necessidade é inconveniente.                                    V F
8. Minha necessidade não se ajusta à maneira como desejo que os  outros
   me vejam.                                                             V F
9. Fico apavorado que _____ me ache egoísta.                       V F
10. Não tenho idéia de como satisfazer minha necessidade sem atrair atenção
    negativa.                                                            V F

*Por quê?* Por que você se priva quando o custo é tão grande? Vamos dar uma olhada em quais itens você marcou como *verdadeiros*. Se as suas respostas estão concentradas numa área específica, por favor, sinta-se à vontade para saltar para a área que se refere a você.

### *Afirmações 1-3*: Como você se vê

Se você respondeu *verdadeiro* principalmente às três primeiras perguntas, sua resistência para satisfazer suas necessidades está vindo do ambiente em que foi educado. Se você se vê estritamente como uma pessoa auto-suficiente, está na hora de reconsiderar o que vai realizar sozinho. Ou talvez você não se ache tão importante assim. Se este for o caso, pediríamos que refletisse: Quem importa mais do que você? Mesmo que existam muitas pessoas que sejam mais importantes para você que você mesmo, é provável que elas dependam de você, pois querem e precisam que você esteja em sua melhor forma.

Alguém que já teve de permanecer extremamente estóico face à adversidade influenciou muito você? Muitas culturas estão impregnadas do orgulho da auto-suficiência. Aqueles de nós oriundos de um povo que lutou furiosamente para satisfazer os três primeiros níveis na hierarquia das necessidades de Maslow (Fisiológico, Segurança e Fazer Parte) freqüentemente constroem ambientes nos quais as duas fileiras superiores (Estima e Auto-realização) são consideradas inconseqüentes ou até mesmo auto-indulgentes. Se isto se aplica a você, está na hora de contrastar sua vida e suas circunstâncias com as deles e ajustá-los de acordo. Lembre-se de que todas as gerações têm um conjunto de desafios inteiramente novos.

### *Afirmações 4-6*: **Como os outros o vêem**

Se você é conhecido por ser uma fortaleza, existem grandes chances de que esteja profundamente envolvido com essa imagem. Acompanhar sua fama nem sempre é uma atividade que valha a pena. Pergunte-se quanto lhe custa manter essa imagem e se realmente vale a pena. Se manter a imagem não é problema para você, talvez você tenha se habituado a ser forte simplesmente porque tem alta tolerância ao estresse. No Capítulo 5, "Administre seus dons", discutimos o princípio de que *Só porque você pode fazer algo não quer dizer que deva fazê-lo*. Um dos maiores impedimentos de satisfazer as necessidades é a habilidade de suportar o estresse. Embora venha a calhar em uma crise, não é obrigatoriamente necessário a longo prazo na vida diária, porque só nos permite saber que uma necessidade não está sendo satisfeita quando atingimos o ponto de ruptura. Se você for muito forte e maleável e também capaz de tolerar altos níveis de estresse, ainda assim, é importante ficar atento a seus limites. *Mesmo as costas do camelo mais forte não agüentarão se a carga ficar pesada demais.*

### *Afirmações 7-9*: **Como deseja ser visto**

A maneira como desejamos ser vistos pode nos impedir de satisfazer nossas necessidades. Isto nos traz à mente a velha fala "Não se importe comigo, eu só vou ficar sentada aqui no escuro", o lamento queixoso da mãe idosa que está simplesmente doida por atenção, o tipo que faz todo mundo revirar os olhos, uma vez que ela é tão transparente. Quanto mais satisfazemos nossas necessidades, menos necessitados somos. Ao negar nossas necessidades e, dessa maneira, fazer com que nos sintamos "fortes", tornamos nossas necessidades transparentemente óbvias para os outros.

Nós todos já ouvimos falar de pessoas que exibem todos os sintomas de falência cardíaca, mas negam o óbvio porque não desejam "ser um incômodo". Este é um exemplo extremo, embora indique a que ponto as pessoas chegam para evitar parecerem egoístas. Ficamos horrorizados com os exemplos em nossas próprias famílias ou com personagens da literatura tão egoístas que sugaram a vida de todos ao redor. Preferiríamos morrer de um ataque cardíaco a ser como tais pessoas.

### *Afirmação 10*: **Você não sabe como**

Bem-vindo ao clube. Se nós todos soubéssemos como satisfazer nossas necessidades de forma eficaz, nós o estaríamos fazendo, não é? Pedir ajuda parece ser uma das coisas mais difíceis para a maioria de nós. Existem razões específicas pelas quais odiamos pedir ajuda. Quantos de nós crescemos ouvindo variações do adágio "Se quiser que algo seja feito corretamente, faça-o você mesmo"?

Por outro lado, Thomas Leonard, o mentor de Madeleine, costumava dizer: "Vale a pena pedir ajuda para qualquer coisa que valha a pena ser feita." Pense em como sua abordagem pode ser diferente com esta mudança importante no seu ponto de vista. Para começar, isto lhe propicia um mundo de permissão e possibilidade. O mundo do "faça você mesmo" é pequeno e estreito por sua própria natureza limitada.

"Mas as pessoas podem dizer que não", diz você.

"Mas elas podem me julgar..."

"Mas aquela pessoa pode me desapontar..."

Tudo verdade. Você passou por tudo que foi dito acima. Mas isto não pode detê-lo. Conheça Julie, e veja como ela faz.

### Instantâneo:

Julie está voando pelo corredor com sua pasta de equipamento batendo no quadril. Está pelo menos 20 minutos atrasada para uma reunião com um cliente — ela confiou num horário de trem desatualizado. Ao passar pela porta, vê seu sócio, Jack, conversando animadamente ao telefone, sem se dar conta das outras três linhas que piscam loucamente.

— Onde está a nova assistente? — A voz de Julie soa estridente para seus próprios ouvidos.

Ela precisa telefonar para seu cliente mas não conseguirá uma linha desse jeito. Solta a bolsa e abre sua gaveta de trabalho atual onde devem estar as provas do cliente. Falta o arquivo chamado Gancho Vermelho. Julie sente seu maxilar enrijecer-se um pouco mais, enquanto seus ombros movem-se de forma autônoma e perigosa junto aos seus ouvidos.

Seu calendário do dia, que tem o número telefônico do cliente, deveria estar sobre a mesa, mas não está. E onde se meteu a nova assistente? Julie capta a imagem involuntária de si mesma como um gato de desenho animado com os olhos saltando para fora.

Jack desliga o telefone e entra no escritório de Julie, sorrindo e dizendo "Boas notícias...", mas é interrompido por um som tão alto como o sopro de uma corneta:

— Bem, não acho que... como é o seu nome... Cami, Candi, o que quer que seja... não estar aqui seja boa notícia. Este lugar está um desastre; minha teleconferência não está pronta. Por que a pagamos? E o maldito arquivo se foi. Minha agenda com o número dos clientes desapareceu. Este lugar está um inferno. Não dá para continuar trabalhando assim.

Durante o discurso de Julie, Jack recua e diz:

— Nossa, acho que você levantou da cama pelo lado errado. Eu ia dizer a você que mandei Cindy ao Centro de Filmagem porque eles finalmente conseguiram a fita que precisamos para o trabalho do Kruger. Era ela — ele aponta para o telefone — me dizendo que está com a fita e já está a caminho. — Ele pára e olha para Julie. — Acho que ela está se saindo bem. Quando você acabar com seu ataque de diva, pode pedir desculpas a mim. Isto se eu ainda estiver com vontade de falar com você.

Jack sai, balançando a cabeça.

Julie se senta à mesa perguntando-se o que havia acontecido. Sabe que era divertido e fácil trabalhar com ela. Não consegue entender quando se tornou uma mulher geniosa.

Ela, obviamente, não é ela mesma. Mais tarde, nesse dia, confidencia ao seu amigo Jon:

— Simplesmente odeio o que estou me tornando — ela reclama.

Seu amigo, que geralmente tenta não se intrometer, pergunta:

— Por que não conversamos um pouco mais sobre isso?

— Você não se importa? — ela pergunta baixinho.

— De jeito nenhum.

— Você sabe. Trabalhamos tão arduamente para tirar o negócio do chão e agora todo mundo acha que somos maravilhosos, mas existe muita coisa acontecendo e estou completamente derrotada — diz Julie, soltando um longo suspiro.

— Ã-hã — diz seu amigo.

— Tudo o que eu sempre quis ser era fotógrafa, fazer fotos incríveis de estruturas incomuns e trabalhar com Jack, que é um gênio. Veja bem, pessoas que adoram nosso trabalho, e não só isso, que sabiam que eu teria uma cabeça fantástica para marketing. Tenho tudo o que sempre quis, exceto agora, que Jack acha que sou a Senhora Dragão e me evita, não consigo acompanhar a programação, e está tudo indo para o inferno em alta velocidade — diz Julie, sentindo-se constrangedoramente próxima das lágrimas.

— Ã-hã — diz seu amigo.

— Não consigo, Jon, não consigo acompanhar. Vou arruinar tudo porque não consigo lidar com o estresse.

— Isto é besteira — diz Jon. — Conheço você há 20 anos e se existe alguém que pode lidar com o estresse é você. Nós dois sabemos que você pode lidar com o estresse. Então, exatamente com o que você não consegue lidar?

Sua pergunta encontra o silêncio e depois ainda mais silêncio.

— Julie, o que a deixa louca de raiva?

Silêncio novamente.

— A bagunça e o caos — solta Julie.

— Certo. O que você fez no passado quando as coisas pareciam fora de controle e desorganizadas demais para serem administradas? Eu já vi você fazer isso. Pense.

— Coloco meus patinhos em fila e derrubo todos eles um de cada vez — diz Julie num tom de reflexão; ela estava obviamente voltando ao passado.

— Entro em ação, ponho as coisas em ordem e saio dando ordens para as pessoas até que elas me ajudem.

Jon ri; ele já viu isso.

— É verdade. E todos ficam mais felizes porque quando você decide limpar as coisas, toda a sujeira da cidade toma o seu rumo. Vamos lá. Tenho certeza de que Jack adoraria vê-la feliz e produtiva novamente.

— Mas pareço um feitor de escravos quando ajo desta maneira.

— Um feitor de escravos eficiente ou uma diva desmiolada dos infernos. Qual você escolheria? E, a propósito, pessoas de negócios bem-sucedidas devem manter padrões altos.

— Então, deveria arrumar outra assistente, alguém que possa trabalhar somente para mim?

— É uma idéia. Parece que pode haver trabalho demais para mim. Então, o que você vai fazer?

— Espere um momento. Estou traçando um plano... — Julie está tão entusiasmada que não consegue esperar para desligar o telefone e trabalhar no seu plano.

Julie precisa de ordem. Sempre foi extremamente precisa e organizada em seus assuntos, mas seu negócio está crescendo tão rapidamente que as coisas fugiram do controle. Como a maioria das coisas na vida, isto aconteceu num crescendo e ela nem notou. A princípio, Julie se culpa, em vez de examinar as circunstâncias que provocaram a situação. Precisa de um processo passo a passo ou de uma conversa para ajudá-la a identificar sua necessidade profundamente pessoal. Depois, tem de entender que ter uma necessidade não a torna fraca ou carente de cuidados; seu medo é ser um fardo. O que percebe agora é que sem a ordem de que necessita ela é bem mais do que um fardo. Satisfazer sua necessidade de ordem ajuda todos a se alegrarem.

Julie se inspira para traçar um plano que satisfaça suas necessidades de maneira que não se sinta vulnerável. Seu próximo passo é comunicar suas descobertas às pessoas importantes de sua vida e recrutar sua ajuda. Finalmente, ficará atenta a quaisquer necessidades não-satisfeitas que possam surgir enquanto ela avança rapidamente.

De volta a Julie:

Julie entra no escritório alguns dias após a explosão. Jack está sentado à sua mesa revendo uma proposta. Olha por cima dos óculos para ela com uma das sobrancelhas levantadas. É óbvio que ele não sabe o que esperar.

— Devo-lhe um pedido de desculpas — diz Julie. — Agi como uma diva, e perdi a calma. Sinto muito e prometo não fazer novamente.

Jack está agradavelmente surpreso.

— Obrigado — diz ele. — O que está acontecendo com você, afinal de contas?

— Depois de pensar bastante, percebi que estamos progredindo, e que as coisas básicas aqui no escritório se tornaram mais caóticas. Não tenho tempo de colocar as coisas em ordem, de ter este local organizado exatamente do jeito que preciso que esteja para funcionar bem.

Jack ri.

— É. Nós todos sabemos que você é membro de carteirinha dos excêntricos anônimos. Não consegue se livrar disso?

Julie suprime seu aborrecimento com sua atitude desdenhosa.

— Ouça só. Realmente quero que as coisas andem sem problemas para fazermos um bom trabalho juntos. Estava tentando superar isso. Você viu o que aconteceu. Ouça minha proposta.

Julie exibe um plano de contratar outra assistente apenas para tomar conta de sua agenda e mantê-la organizada. Jack concorda que, com sua carga de trabalho, faz sentido. Eles conversam sobre os dias de Julie no escritório, não na área exterior de filmagem, e sobre a importância de Julie reservar a última meia hora do dia para arrumar a mesa, planejar a manhã seguinte e reunir o material que vai usar o dia seguinte todo. Isto significa que Julie não estará disponível para qualquer das teleconferências que Jack prefere programar para o fim do dia.

— Isto parece burrice, ter de gastar tempo discutindo essas coisas — diz Julie. — Parece bem pequeno.

— Sim, parece — diz Jack —, mas, se a fará feliz, valerá a pena.

— Obrigada. — Julie sorri. — Vamos experimentar este plano e ver como as coisas saem. Verificaremos em algumas semanas.

Julie descobriu que era muito mais fácil aceitar sua necessidade de ter ordem do que negá-la. Não estava errada. Simplesmente não estava reconhecendo nem admitindo um aspecto fundamental de sua personalidade. Ela agora é capaz de mostrar-se ao mundo exatamente como se vê: organizada, respeitando os outros, pontual, produtiva e capaz de manter sua palavra. Ao negar sua necessidade de ordem, ela parecia exatamente o oposto de como se via.

Como você pode fazer o mesmo? Seguindo o mesmo processo de Julie.

1.  **Identifique e articule necessidades pessoais altamente específicas.** Nós o ajudaremos, fornecendo uma lista de necessidades potenciais para você levar em consideração. Talvez algumas já tenham ocorrido com você. Uma das melhores maneiras é voltar o pensamento a um tempo recente, quando sentiu que simplesmente não era você mesmo. Este seria um momento no qual se comportou de maneira que não aprova ou da qual tem vergonha porque sabe que não representou seu eu real. Pergunte-se: Que necessidade não estava sendo satisfeita?

2.  **Conceda-se permissão.** Falamos antes sobre conceder-se permissão. Um dos principais fatores de motivação para fazer isso advém do reconhecimento de que não ceder e admitir uma necessidade acabará magoando mais você no longo prazo. Julie conseguiu ver o custo de sua negação porque esta causou uma crise. Talvez você queira conceder-se permissão antes de ocorrer uma crise.

3.  **Identifique as pessoas em sua vida que podem ajudar.** Julie ou foi inteligente ou teve sorte; discutiu o assunto com alguém em quem confiava, que a conhecia bem e era bom ouvinte. Essa pessoa a ajudou a analisar a situação e fez as perguntas corretas. É realmente uma boa idéia cultivar relacionamentos com pessoas que possam fazer isso por você, e você pode retribuir o favor. Ficou claro para Julie que ela atrapalhava seu sócio — exatamente a pessoa de quem precisava de ajuda. Para obter ajuda, precisou pedir desculpas e admitir o que a estava incomodando.

4.  **Estabeleça um objetivo e escolha atividades que o impulsionem em sua direção.** É muito mais fácil apresentar soluções quando o problema

se torna evidente. Freqüentemente, elaborar um plano funciona bem porque, como observamos antes, os obstáculos para satisfazer as necessidades são geralmente auto-impostos. Oferecemos um modelo para a elaboração do seu plano no Exercício de Necessidades da página 129.

5. **Preveja o que pode sair errado.** Embora as necessidades continuem as mesmas, as circunstâncias mudam — freqüentemente, muito rápido. Até mesmo as pessoas mais competentes podem enredar-se no turbilhão dos acontecimentos. É fácil perder as oportunidades que podem fazer com que uma necessidade não seja satisfeita. Reflita sobre os principais acontecimentos levando em consideração suas necessidades — preveja o que pode sair errado e tome providências antes que ocorra uma crise.

Aqui está uma pergunta que muitas pessoas fazem: "E se eu escolher a necessidade errada para trabalhar?" Uma preocupação válida. A resposta é que você realmente não pode errar. Aprender a satisfazer suas necessidades é como aprender qualquer hábito novo — exige tentativa e erro. Qualquer coisa que você aprenda enquanto cuida de uma necessidade o ajudará com as outras. Resista ao impulso de escolher uma que pareça impossível — não se sabote assim. Se você está trabalhando com um terapeuta há dez anos para satisfazer sua necessidade de amor e ainda não obteve êxito, esta não é a solução. Prefira trabalhar em uma necessidade que você suspeita que causará impacto em sua qualidade de vida e comece com ela. Por exemplo, você pode estar lutando contra a falta de entendimento, frustrante, com um colega de trabalho, como aconteceu com o vice-presidente de vendas do nosso "Instantâneo" inicial — sua necessidade de precisão e de ordem seqüencial estava em desacordo com a necessidade de seu chefe de ir direto ao ponto. Freqüentemente, o que interpretamos como "profundas diferenças de personalidade" é o agravamento de duas necessidades não-satisfeitas e conflitantes.

## ■ O EXERCÍCIO DAS NECESSIDADES ■

**Passo um: Reflita**

O que especificamente o estava impulsionando da última vez que você se comportou da maneira contrária à maneira que você se vê, ou de maneira que o deixou desconcertado e envergonhado?

- O que estava acontecendo?

- Como você se sentiu depois?

- Que necessidade não estava sendo atendida?

- O que você poderia ter feito de maneira diferente para satisfazer sua necessidade?

- Com quem você poderia discutir isso que poderia oferecer ou levar a algum tipo de insight?

## Passo dois: Identifique

Circule as palavras que lhe parecem uma necessidade. Pense sobre o que você deve ter para estar em sua melhor forma.

Ter clareza
Ser reconhecido
Ser um líder
Ser competente
Causar impacto
Cumprir as
  obrigações
Ser responsável
Ter paz
Ter justiça
Ter imparcialidade
Ser capaz de confia
Ser digno de
  confiança
Divertir-se
Ter prazer físico
Ter alegria
Ter humor
Ser espiritual
Ter direito
Ter permissão
Procurar o perigo
  ao sistema
Estar consigo mesmo
Ter tranqüilidade
Ter equilíbrio
Ter ordem
Ter oportunidade

Realizar
Construir seu legado
Cumprir tarefas
Ter influência
Criar
Expressar
  os sentimentos
Interpretar o trabalho
  de outras
  pessoas
Ser ético
Ser moral
Ser honesto
Ser verdadeiro
Ver o lado
  bom das coisas
Ver o lado obscuro
Pertencer a um
  grupo
Estar seguro
Agir
Refletir
Ter aventura
Procurar o perigo
Ser um agente
Fazer parte das
  coisas

Ter um bom
  desempenho
Receber atenção
Ser estimado
Ser respeitado
Ser querido
Ter controle
  sobre os outros
Ter controle sobre
  os acontecimentos
Ter autocontrole
Ter disciplina
Ter dados
Ter informação
Ter conhecimento
Ser preciso
Ter poder sobre si
Ter poder sobre
  os outros
Ser aceito
Estar incluído
Inovar
Fazer frente
Ser um rebelde
Ser um iconoclasta
Desafiar
  a autoridade
Quebrar regras

Criar regras
Certificar-me de
  que as regras estão
  sendo seguidas
Ter liberdade para
  fazer o que gosta
Ter liberdade quanto
  às restrições
  impostas por outros
Classificar
Categorizar
Catalogar
Servir a sociedade
Ajudar as pessoas
Ajudar os animais
Estar certo
Ser um especialista
Ter uma identidade
  única
Ter sentido
Ter importância
Sentir-se ligado
  às pessoas
Sentir-se ligado às
  questões
Ter intimidade
Ter segurança
Sentir-se seguro

## Passo três: Compile

Faça uma lista do que circulou.

## Passo quatro: Reduza gradualmente

Escolha *três* palavras de sua lista que pareçam ser suas necessidades mais prementes *neste momento*:

Com relação à primeira:

O que acontece com você quando essa necessidade não é satisfeita?

Que comportamentos você exibe quando essa necessidade não é satisfeita?

O que lhe custa (em termos de respeito por parte dos outros) quando essa necessidade não é satisfeita?

Como a sua vida seria diferente se essa necessidade fosse permanentemente satisfeita?

Com relação à segunda:

O que acontece com você quando essa necessidade não é satisfeita?

Que comportamentos você exibe quando essa necessidade não é satisfeita?

O que lhe custa (em termos de respeito por parte dos outros) quando essa necessidade não é satisfeita?

Como a sua vida seria diferente se essa necessidade fosse permanentemente satisfeita?

Com relação à terceira:

O que acontece com você quando essa necessidade não é satisfeita?

Que comportamentos você exibe quando essa necessidade não é satisfeita?

O que lhe custa (em termos de respeito por parte dos outros) quando essa necessidade não é satisfeita?

Como a sua vida seria diferente se essa necessidade fosse permanentemente satisfeita?

**Passo cinco: Seja brutal**

Escolha a necessidade que parece ser a mais urgente para você neste momento — a que mais o intriga e para a qual você precisa de mais ajuda. Você realmente não pode errar. O único deslize que pode cometer é não escolher e parar aqui. Você não está tão mal assim — conhece pelo menos uma necessidade sobre a qual trabalhar.

Com relação a ela:

Está disposto a estabelecer um objetivo e comprometer-se a satisfazer essa necessidade dentro de um certo limite de tempo?

Se a resposta for *sim*, siga adiante; se for *não*, vá para o Passo Nove.

### Passo seis: Estabeleça um objetivo

Que objetivo você pode estabelecer que irá satisfazer essa necessidade de uma vez por todas? Ou pelo menos por um longo período de tempo, até que as coisas mudem?

Você precisará que este objetivo seja *específico* e *mensurável*. Parece fácil, mas requer algumas tentativas. Todas as pesquisas sobre objetivos mostram que a especificação é poderosa. Pergunte-se: Como saberei se o alcancei? Qual será a medida do meu sucesso? Designe uma data para o seu objetivo — isso evitará que você seja vago e permita-se procrastinar. Também irá forçá-lo a colocar as atividades numa linha de tempo. Pode-se utilizar a mesma técnica de planejamento para trás explicada no Capítulo Dois.

Escreva o objetivo.

Até quando estará realizado?

### Passo sete: Faça um *brainstorm* de idéias

Responda às seguintes perguntas para ajudá-lo a determinar que ações você pode realizar para atingir seu objetivo:

- Já sabe exatamente o que satisfaria sua necessidade? (Se a resposta for *sim,* pule para o Passo oito. Se for *não*, continue.)
- Quem em sua vida o conhece, ama e se importa com você, sem fazer julgamentos e com quem você possa fazer um *brainstorm* de idéias sobre como satisfazer esta necessidade?
- Imagine como seria sua vida se essa necessidade fosse satisfeita. Se você pudesse ter uma vara de condão para satisfazer sua necessidade *neste mo-*

*mento*, como seriam as coisas? Como seria o quadro? Que pistas há em sua imagem?

- Leve em consideração outras pessoas que possam ter uma necessidade semelhante. O que elas fazem para atender essa necessidade?

### Passo oito: Procure ajuda

Quem em sua vida poderia ajudá-lo com isso? Pense em duas pessoas.

Como você poderia pedir a (pessoa 1) para (ação específica)?
Farei meu pedido a (pessoa 1) até (data).

Como você poderia pedir a (pessoa 2) para (ação específica)?
Farei meu pedido a (pessoa 2) até (data).

Que outras ações implementarei? Até quando?

### Passo nove: Inspiração

Se você acha que isso é mais difícil do que esperava, leve em consideração o seguinte:

- O que há de errado em pedir o que você precisa?
- O que você está perdendo por não compartilhar informação crucial com esta pessoa?
- Já lhe ocorreu que poderia magoá-la ou chateá-la o fato de você nunca compartilhar esse tipo de informação com ela?
- De quem você está *realmente* cuidando ao *não* pedir o que precisa?
- Como isto serve a você e a essas pessoas?
- Que traços ou características do seu comportamento criam problemas para você? O que está disposto a fazer para lidar com estes aspectos de sua personalidade?
- Que problemas realmente pertencem a outras pessoas que você está tentando resolver ao negar sua própria necessidade?

- Ajuda esperar que alguém descubra? Você deseja secretamente que as pessoas à sua volta se tornem leitores de pensamento?
- Quanto lhe custa exibir continuamente uma expressão fixa toda vez que desiste de uma oportunidade para pedir o que precisa?
- De que maneira está ajudando você o fato de não expressar, de forma específica, o que você necessita?
- Que tipos de comportamento você adota e não aprova, os quais você poderia eliminar ao satisfazer sua necessidade?
- O que lhe custa quando se comporta de maneira que não compreende ou que não pode controlar?
- Qual será o custo final para você ao não satisfazer esta necessidade?

Parabéns! Você deu início ao processo de compreensão de quais são suas necessidades pessoais e de que maneira pode atendê-las. Comece com uma ou duas. Assim que algumas começarem a receber atenção, ficará cada vez mais fácil. Satisfazer suas necessidades é um processo cíclico e contínuo. A chave é adquirir o *hábito* de satisfazer essas necessidades.

- Ter necessidades não é um problema, mas não cuidar delas é.
- As necessidades serão satisfeitas por si sós, independentemente de quanto você as ignore. É muito melhor satisfazer suas necessidades de forma apropriada do que correr o risco de vê-las aflorarem inesperadamente em situações que você não consegue controlar.
- Não se pode esconder suas necessidades; todo mundo as vê, de qualquer forma.
- Peça orientação de outras pessoas para satisfazer suas necessidades. Você pode se surpreender com a disposição delas em ajudar.

# CAPÍTULO SETE

# Trate com carinho e proteja o que lhe é valioso

*O que realmente faz diferença para você?*

Uma vez que você sabe quais são suas necessidades e como satisfazê-las, passar a entender e controlar o que lhe é valioso fará com que progrida mais rápido. Definimos como valioso algo que seja precioso para você. Você pode viver sem o que é precioso, mas certamente não é divertido. As coisas que lhe são valiosas são o creme em seu café, o champanhe da vida — quanto mais você planeja sua vida para gozar de quantas lhe forem possíveis, mais energia você terá. Você sabe o que mais importa para você? Tem realmente certeza? Você pode supor que sabe, mas, e se estiver errado? Talvez você defina o que é importante baseado no que seus pais, avós ou professores acreditam. É crucial saber por que as decisões que você toma a cada momento dependem muito do que importa para você. O que é valioso para você dará colorido a todas as escolhas que fizer, esteja você ciente disso ou não.

**Instantâneo:**

Ravi adora seu emprego. Quando ele se mudou para os Estados Unidos, candidatou-se a um cargo dos sonhos em tecnologia de informação e conquistou a vaga. Consegue passar o dia todo escrevendo códigos e resolvendo problemas técnicos para as pessoas que necessitam de sua ajuda. Localizar defeitos e lhes dar soluções é sua paixão. Quando seus clientes o vêem pelos corredores, soltam um suspiro de alívio. Ele é jovem demais para se lembrar dos primeiros filmes de faroeste da televisão. Se lembrasse, saberia fazer soar o clarim da cavalaria toda vez que entrasse em cena.

Até um ano atrás, a empresa para a qual ele trabalhava estava comprometida com o aprendizado e o desenvolvimento contínuos de Ravi. No entanto, após a companhia sofrer vários cortes, todo o treinamento foi suspenso. Ontem, deparou-se com o problema de um cliente que ele não sabia como resolver, porque ainda não havia sido treinado na área em questão. Tentou realizar algumas manobras e percebeu rapidamente que estava desperdiçando o seu tempo e o do cliente. Desculpou-se e disse que voltaria à tarde com mais informações. Saiu, sentindo-se frustrado e decepcionado. Lembrou de ter lido alguma coisa sobre a natureza do problema numa revista de negócios. Com sua carga de trabalho atual, não teve tempo de encontrá-la. Ligou para seu novo gerente e deixou uma mensagem de voz falando da necessidade de mais treinamento. Não obteve resposta.

Foi para o escritório, onde encontrou vários e-mails e mensagens de voz. Não havia tempo nem pessoal suficiente para lidar com todas as emergências que surgiam, algumas das quais causadas por novas instalações de software. A tarde veio e se foi, e ele não conseguiu dar retorno ao cliente da manhã. Finalmente, às nove horas da noite, foi para casa, mal-humorado e estranhamente pensativo.

Ravi recebia telefonemas pelo menos uma vez por semana e, pela primeira vez, pensou em ouvir o que eles tinham a dizer. Ele não se importava com as horas ou o trabalho árduo do seu emprego atual, mas achava que não estava sendo preparado para resolver os pequenos defeitos e os problemas mais recentes. Sentia falta de ver os sorrisos de alívio no rosto dos clientes.

Estar preparado com as soluções e as respostas que permitem que ele fique à frente das necessidades dos clientes é algo *valioso* para Ravi. Quando sua empresa interrompeu o treinamento, ele não foi mais capaz de preparar-se e sentiu que perdera algo *valioso* para ele. Está apenas começando a pagar por essa perda. Felizmente, assim que compreendemos que algo valioso não está sendo respeitado, a atitude necessária para consertar a situação é freqüentemente fácil de ver. Ravi deve encontrar um jeito de estar preparado para resolver os problemas de seus clientes ou resignar-se à frustração constante.

Valiosas são as coisas que tratamos com carinho e que nos são caras. Como vimos com Ravi, as coisas que consideramos valiosas são únicas e de importância crucial para nós. As coisas às quais atribuímos valor moldam e guiam a maneira como agimos, as decisões que tomamos, e como nos sentimos em relação à nossa qualidade de vida. Damos forma a declarações e regras sobre essas coisas que consideramos valiosas. No caso de Ravi, ele valoriza a capacidade de resolver os problemas dos clientes de maneira eficaz. Os valiosos de Ravi são preparação, especialidade, mas, acima de tudo, satisfação do cliente.

### ■ O QUE HÁ EM UM NOME? ■

Então, por que usamos o termo *valiosos* em vez de valores? Qual é o sentido? Saímos do caminho e mudamos a palavra por algumas razões. Primeiro, a palavra *valores* está carregada de muitas definições de peso. Valores são afirmações ou códigos de conduta advindos de religiões, sociedades, instituições, etnias, culturas, famílias, companhias, tropas de escoteiros, o que desejar. Para onde você se virar, existem grupos de pessoas nos dizendo como devemos nos conduzir. Por outro lado, valiosas são aquelas coisas que *você* considera valiosas. Valiosos têm a ver com você e com sua vida.

A segunda razão pela qual usamos o termo *valiosos* é que valores provocam emoções, sentimentos, reações de julgamentos fortes em relação aos outros e a nós mesmos. Como todas as instituições sociais que encontramos adotam valores, elas freqüentemente invocam sentimentos fortes que podem nos confundir ou dar cor ao que consideramos valioso de verdade. Os valores nos dizem o que deveríamos ou não deveríamos fazer. Algumas pessoas não se importam que lhe digam o que fazer; outras se rebelam. Em qualquer um dos casos, os valores são impostos por algo externo.

Com os *valiosos*, tentamos remover o contexto ético e moral dos valores e quaisquer sentimentos que tenhamos a seu respeito. Acreditamos que quando se olha de perto para os seus valiosos pessoais, como você fará neste capítulo, é útil livrar-se do máximo de bagagem emocional possível. Se você vai aprender a cuidar deles e protegê-los, vai precisar ter certeza de que eles são seus. Para fazer isso, você precisará obter uma visão de si a mais objetiva possível, para poder decidir o que fica, o que vai e o que se acopla à sua nova e aperfeiçoada lista de valiosos.

Existem algumas distinções e definições importantes para tornar claro o conceito de valiosos. O líder no campo de valores é Milton Rokeach, que deu início a seu trabalho no assunto há cerca de 30 anos. Ele ainda nos impressiona com sua simplicidade, elegância e utilidade. Nas próprias palavras de Rokeach:

> *Dizer que alguém "tem um valor" equivale a dizer que ele/ela tem uma crença permanente de que um modo de conduta ou estado final de existência específico é pessoal ou socialmente preferível a códigos de conduta ou estados finais de existência alternativos. Uma vez que um valor seja internalizado, ele se torna, de forma consciente ou inconsciente, um padrão ou critério para a condução da ação, o desenvolvimento e a manutenção de atitudes em relação a objetos ou situações, a justificativa de valores e atitudes próprios e alheios, o julgamento moral próprio e alheio, e a comparação de si com os outros. Finalmente, um valor é um padrão empregado para influenciar os valores, atitudes e ações de pelo menos algumas outras pessoas — os de nossos filhos, por exemplo.*

A afirmação de Rokeach sobre valores fornece uma grande oportunidade para fazermos uma reflexão e uma exploração aprofundadas. Essencialmente, ele disse que nossos valores:

- São duradouros. Embora possam variar durante a vida, eles não mudam tão facilmente quanto nossas crenças e atitudes.
- Vêm em duas categorias: *valores-meio* e *valores-fim*. Mudamos as palavras de Rokeach para tornar a idéia mais fácil de ser utilizada: os valiosos *do dia-a-dia* definem como as coisas devem ser feitas diariamente e os valiosos *de destino* definem como desejamos que as coisas fiquem no final.
- Tornar-se resoluto ou internalizado. Se isso acontece, eles se tornam os critérios básicos que utilizamos para julgar, avaliar, para nos comportarmos, justificarmo-nos e nos compararmos a nós mesmos e aos outros.
- Influenciar outras pessoas, no trabalho e em casa, principalmente nossos filhos.

Valiosos podem ser diamantes do tamanho do Ritz, com importância de verdade, ou podem ser pequeninas bugigangas de cristal lapidado que nos proporcionam um prazer pequeno, porém significativo. Valiosos são as coisas com as quais você se importa e às quais presta atenção quando não faz diferença o que as outras pessoas pensam. Na verdade, existem pessoas no mundo, e você pode ser uma delas, que conservam a casa imaculada mesmo quando não estão esperando convidados. A organização e a limpeza são valiosas para elas.

Pergunte-se: Se eu estivesse reduzido aos meus últimos cinco dólares até o dia do pagamento, em que os gastaria? Flores para mim mesmo, alvejante para a roupa de cama e de mesa ou sorvete para o meu amor? O dinheiro do leite é gasto em charutos ou sapatilhas de balé?

Não há uma resposta correta; elas estão todas certas. Todo mundo acumula um tesouro ignorado de valiosos, sejam eles objetos, percepções sensórias, estados emocionais ou experiências de importância elementar que podem (ou não) ter um peso maior que seu valor intrínseco. A elegância, a precisão, o divertimento, a criatividade, o luxo, a simplicidade são alguns dos valiosos mais abstratos.

Embora os valiosos variem enormemente de pessoa para pessoa, todo ser humano geralmente tem uma lista extensa de valiosos, e eles se encaixam em duas categorias distintas: *valiosos do dia-a-dia* e *de destino*. Em todos os momentos do dia, utilizamos nossos valiosos para decidir o que deveríamos e não deveríamos fazer e o que os outros deveriam ou não deveriam fazer.

Os valiosos do dia-a-dia servem de bússola. Por que John cede a vez e permite que outro motorista entre facilmente em sua faixa enquanto sua esposa, Megan, simplesmente olha para a frente e pisa no acelerador? Uma diferença na importância do valioso de cortesia provavelmente seja a razão. Por que Megan mantém contato com seus amigos da faculdade e John permite se afastar do contato com seus companheiros universitários? Megan possui um valioso forte no sentido de manter ligações e John não o tem. Nossos valores do dia-a-dia informam e direcionam as atitudes que tomamos em todas as circunstâncias, estejamos conscientes ou não.

Por que Marshal pretende encerrar sua carreira aos 60 e ir para o sul, a fim de ter uma vida de lazer jogando golfe, enquanto Richard pretende continuar trabalhando arduamente até os 70 anos, sem nenhuma intenção de se aposentar, embora possua os recursos financeiros para fazê-lo a qualquer momento? Uma diferença no valioso de destino do trabalho. Uma pessoa tem um valioso de destino claro de golfe, pesca e lazer em seus anos de ouro, enquanto o outro já atingiu o seu. Richard possui um valioso de destino de trabalho árduo e de contribuição, e, por esse motivo, a idéia de se aposentar nem lhe passa pela cabeça.

Nós todos possuímos uma coleção única de valiosos tanto do dia-a-dia quanto de destino. Muitas das pessoas com as quais trabalhamos ao longo dos anos nunca reconheceram ou celebraram seus valiosos, que dirá alimentá-los, trazendo-os à tona e utilizando-os de maneira que lhes dê prazer. A partir do momento que conhecemos nossos valiosos e tomamos posse deles todos os dias, maior a probabilidade de nos sentirmos como se nossas vidas estivessem sob controle e caminhassem na direção correta. Nossas escolhas e ações começam a parecer mais adequadas a nós. Quando carecemos de clareza em relação a quais são nossos valiosos ou deixamos de levá-los em consideração, acabamos perdendo nosso prazer e nossa energia.

Foco em Jack:

Lembra-se de Jack, o sócio de Julie do capítulo anterior? Enquanto Jack observava Julie se esforçar para satisfazer suas necessidades, percebeu que nada estava bem com ele também. Ele realmente queria mudar alguma coisa no ambiente do escritório. Pensou um pouco a respeito e viu que a entrada sombria o deprimia. Ele e Julie tinham concordado que um dia dariam um jeito nela. Jack foi conversar com Julie sobre esse acordo esquecido.

— Julies, preciso conversar com você sobre algo que é importante para mim.

— Qual é o problema? — perguntou Julie. Ela estava revendo sua agenda do dia enquanto reunia o equipamento.

— Tenho visto você se organizar para tornar sua vida no trabalho menos estressante, e ocorre-me que uma parte de mim não está feliz em vir aqui todo dia.

Os olhos de Julie se arregalaram. Ela parou de trabalhar e se sentou.

— Está brincando. Eu não tinha idéia. Não é porque sou uma louca, é?

Jack riu, descartando essa idéia com um aceno de mão.

— Não, não. Eu sabia que você diria isso, querida. Lembra-se de que concordamos que daríamos um jeito na entrada? Na verdade não dissemos quando faríamos isso, e não tenho certeza de que temos o dinheiro, mas acho que chegou a hora. Está começando a me incomodar muito. É sombria e patética, e acho que não nos apresenta bem para os nossos clientes.

— Nossa, Jack, nem presto atenção. Não tenho certeza de que temos o dinheiro para a despesa extra no momento.

— Certo, eu sei, mas estamos indo bem. Estaria disposto a arriscar um pequeno investimento. Sei exatamente como deve ficar, e meu amigo Richard pode nos ajudar a gastar pouco. Gostaria de ter sua opinião sobre as idéias e sua aprovação para ir em frente e gastar um pouco de dinheiro nisso.

Julie lembrou-se do apoio à sua reorganização dos procedimentos do escritório e sua aprovação de outra assistente. Ela podia ver como isto era importante para Jack; eles raramente se sentavam tempo suficiente para repassar os horários, que dirá discutir alguma coisa tão trivial como a decoração da entrada. Fazia sentido; o apartamento de Jack era uma jóia de perfeição, cujas fotos sempre saíam nas revistas e os seus amigos sempre recorriam a ele em busca de dicas de decoração.

— Jack — ela disse —, é uma ótima idéia. Só me avise o que deseja fazer, quanto acha que custará e o que precisa que eu faça para ajudar. Nunca prestei atenção à entrada, mas é claramente importante para você, e se lhe faz sentir melhor, compensará no longo prazo.

Jack se afastou, cheio de entusiasmo, imaginando como seria fantástico colocar abaixo o feio painel marrom, que o tinha incomodado desde o primeiro dia.

Quais são os seus valiosos? É essencial para você ser sincero ou a razão é suprema? Que destinos você deseja? Você busca liberdade ou segurança? Ou os dois? Às vezes, os valiosos podem parecer conflitantes uns com os outros. Nestes casos, você confundiu os valiosos do dia-a-dia com os valiosos de destino. Por exemplo, algumas pessoas acham a segurança algo valioso como objetivo (retirar-se para algum lugar quente e ensolarado), ao passo que outras consideram a segurança, especificamente a segurança financeira, uma rota para o objetivo de ter a liberdade de viajar como quiserem.

Muitos de nossos valiosos são evidentes, mas não bem articulados. Quando conseguimos descrever nossos valiosos de forma clara e sucinta, é muito mais fácil influir neles e comunicá-los aos outros. Como Milton Rokeach disse: "Um adulto tem dezenas de milhares de crenças, milhares de atitudes, mas apenas dezenas de valores. Um sistema de valor é uma organização hierárquica — uma ordem de postos — de ideais ou valores em termos de importância. Para uma pessoa, a beleza e a liberdade podem estar no topo da lista, enquanto parcimônia, ordem e limpeza estão no fundo; para outra pessoa, a ordem pode ser inversa."

Os valiosos que vêm a seguir o ajudarão a compreender e designar aqueles que mais influenciam seu comportamento. Pediremos a você que examine a lista e determine os cinco valiosos mais importantes de cada categoria: os do dia-a-dia, de conduta ou de comportamento, os quais formam a base para os seus padrões, e os valiosos de destino, do estágio final, os quais provavelmente influenciam seu Objetivo Principal.

Antes de passarmos à lista, devemos retornar, apenas por um minuto, às Três Perspectivas do Capítulo 3. Embora nossos valiosos estejam ligados às Três Perspectivas — Como me vejo? Como os outros me vêem? e Como desejo ser visto? —, os valiosos são especialmente importantes ao considerarmos a Terceira Perspectiva. Nossos valiosos, em grande parte, tomam forma no começo de nossa infância sob a influência de nossos pais e das pessoas que nos criaram. Somos governados pelos valiosos formados durante estas relações no começo da vida até o começo de nossa vida adulta, quando acontece uma mudança. Por volta dos 35 anos, muitos adultos se libertam da hierarquia de valores de seus pais e começam a sentir seu conjunto único de valiosos emergir. Quando você chegar a estes, preste atenção na maneira como os seus diferem dos de seus pais ou até mesmo da cultura na qual você foi criado. Quando analisar cada valioso, você pode selecionar vários que pertencem mais à lista de seus pais do que a sua própria.

### Defina seus valiosos

Para identificar seus valiosos, siga estes passos:

1. Comece com a coluna da esquerda. Leia toda a lista dos valiosos do dia-a-dia.

2. Estão faltando alguns dos seus valiosos do dia-a-dia? Existe espaço no final para acrescentar o que você necessita.

3. Coloque um sinal ao lado dos dez valiosos mais importantes para você.

4. Dos dez que você selecionou, circule os cinco valiosos que são essenciais para você. Lembre-se de que você pode ter mais de cinco; ninguém vai forçá-lo a abandonar os outros, mas isto é para ajudá-lo a priorizar.

5. Dos cinco valiosos remanescentes, selecione aquele que é menos importante para você, aquele do qual você poderia abdicar, e escreva-o na linha cinco.

6. Dos quatro valiosos restantes, escolha aquele do qual você poderia abdicar facilmente e escreva-o na linha quatro.

7. Continue eliminando valiosos dos quais poderia abdicar até chegar ao mais importante. Escreva-o na linha um.

8. Repita o processo com os valiosos de destino.

## Valiosos do dia-a-dia

| | |
|---|---|
| Busca da verdade | Firmeza |
| Amor | Serviço |
| Honestidade | Beleza |
| Aventura | Honra |
| Justiça | Intimidade |
| Autenticidade | Paixão |
| Inteligência | Razão |
| Humildade | Compaixão |
| Lealdade | Alegria |
| Espiritualidade | Respeito |
| Compromisso | Coragem |
| Disciplina | Elegância |
| Flexibilidade | Determinação |
| Ironia | Confiança |
| Saúde | Conforto |
| Criatividade | Integridade |
| Vitalidade | Longevidade |
| Cordialidade | Crescimento |
| Alegria | Comédia |
| Vigor | Irreverência |
| Divertimento | Formação |
| Cooperação | de equipe |
| Organização | Gratidão |
| Limpeza | Graça |
| Sinceridade | Conformidade |
| Certeza | |

## Valiosos de destino

| | |
|---|---|
| Segurança | Contentamento |
| Sucesso | Liberdade |
| Igualdade | Êxtase |
| Fama | Poder |
| Graça | Salvação |
| Riqueza | Respeito |
| Vitalidade | Realização |
| Êxito | Contribuição |
| Paz | Resistência |
| Impacto | Legado |
| Bravura | Segurança |
| Espaços abertos | Natureza |
| Triunfo | Harmonia |
| Mestria | Inovação |
| Revolução | Avanço |
| Autoconhecimento | Conformidade |
| Variedade | Sofisticação |
| Reputação | Competência |
| Ajuda à sociedade | Harmonia interior |
| Status intelectual | Localização |
| Religião | Saúde pessoal |
| Poder | Privacidade |
| Autoridade | Sabedoria |
| Reconhecimento | Auto-respeito |
| Verdade | |

|                       |                      |
| --------------------- | -------------------- |
| **Meus valores-meio** | **Meus valores-fim** |
| 1. _____    | 1. _____   |
| 2. _____    | 2. _____   |
| 3. _____    | 3. _____   |
| 4. _____    | 4. _____   |

Agora que você já identificou tanto seus valiosos do dia-a-dia quanto os valiosos de destino, está na hora de comparar as listas e ver o quanto elas são compatíveis. Na seção a seguir, você examinará cada um de seus valiosos do dia-a-dia e de destino e verá se eles trabalham conjuntamente ou em oposição. Você não quer ter um destino que no final não possa ser atingido porque seus valores do dia-a-dia tornam penoso chegar lá. Olhar para os dois agora deve ajudá-lo a evitar esta armadilha.

Encontramos muitas pessoas que percebem que seus valiosos do dia-a-dia escolhidos dificultam que seus valiosos de destino sejam alcançados. Entre elas, estão as pessoas que valorizam a certeza à custa da descoberta, pessoas que valorizam a doutrina religiosa quase chegando à opressão, pessoas que valorizam a liberdade à custa da segurança para a família. (As escolhas que fazemos todos os dias são governadas por nossos valiosos do dia-a-dia e contribuem, ao longo do tempo, para os valiosos de destino que somos capazes de alcançar.)

O exercício a seguir o ajudará a ter uma idéia clara de quais valiosos são mais importantes para você na vida e quão bem seus valiosos do dia-a-dia e de destino funcionam conjuntamente.

### Cuide de seus valiosos

Pense em seu valioso do dia-a-dia número 1:

Examine as seguintes perguntas:

Como você sabe que isto é importante para você? (Por exemplo, o que acontece a você quando ele está ausente, em oposição a quando está presente?)

O que/quem apoiará este valioso em sua vida?

Qual é o custo para você, se houver algum, de não estar em sintonia com esse valioso?

Que objetivos podem ou não podem ser atingidos ao viver esse valioso de forma consistente?

Finalmente, viver com esse valioso do dia-a-dia o impede de atingir seus valiosos de destino?

**Proteja seus valiosos**

O que/quem trabalha contra este valioso em sua vida?

Como você pode mudar esta situação?

O que você começará a fazer que o deixará mais em sintonia com esse valioso durante a próxima semana?

**Cuide de seus valiosos**

Pense em seu valioso de destino número 1:

Examine as seguintes perguntas:

Como você sabe que isto é importante para você? (Por exemplo, o que acontece a você quando ele está ausente, em oposição a quando está presente?)

O que/quem apoiará este valioso em sua vida?

Qual é o custo para você, se houver algum, de não estar em sintonia com esses valiosos?

Finalmente, viver em busca desse valioso de destino é incongruente com quaisquer de seus valiosos do dia-a-dia?

**Proteja seus valiosos**

O que/quem trabalha contra este valioso em sua vida?

Como você pode mudar esta situação?

O que você começará a fazer que o deixará mais em sintonia com esse valioso durante a próxima semana?

Agora que você já completou o exercício dos valiosos, pedimos que responda a mais uma pergunta. As únicas respostas apropriadas são sim ou não!

Seus valiosos do dia-a-dia trabalham de comum acordo para ajudá-lo a atingir seus valiosos de destino?

Se você for como muitos de nós, a resposta é não. Esta resposta não é algo com o que deva se preocupar neste momento. Descobrimos que, na maior parte do tempo, quando nossos valiosos do dia-a-dia e nossos valiosos de destino não estão em total concordância, é porque acumulamos alguns valiosos do nosso passado dos quais talvez necessitemos nos livrar. A seção a seguir destina-se a ajudá-lo a ver se você está de posse de alguns valiosos de que talvez não necessite ou que não queira mais.

**Os valiosos e nosso ambiente**

Sem pensar muito, escreva cinco coisas que foram valiosas em sua família e durante a sua infância (da escola, dos amigos, da comunidade).

Escolha um ou dois desses valiosos que você sente que formam partes de você levadas adiante e que você deseja continuar levando.

Você rejeitou quaisquer dos valiosos sem demora? Alguns desses valiosos o deixam desconfortável? Anote quaisquer valiosos de sua família ou de sua educação que você não gostaria de levar adiante:

Por mais que gostemos de pensar de maneira diferente, nosso ambiente exerce grande influência sobre nossos valiosos. Como afirmamos antes, quando os adultos chegam por volta dos 35 anos, freqüentemente percebem que são finalmente livres para viver suas vidas do seu jeito, não necessariamente do jeito que seus pais ou outras pessoas desejam. Parte da alegria de trabalhar com pessoas e seus valiosos é que temos o privilégio de ajudá-las a criar um novo e atraente conjunto de regras para elas mesmas. Além de libertá-las dos valiosos que não têm mais sentido, também descobrimos que isto pode tirar as cargas impostas pela mídia e pela cultura.

 Instantâneo:

Melanie é diretora de relações de investimento em uma das maiores companhias de serviços alimentícios do mundo. É competente, estimada e respeitada; segundo os padrões de qualquer pessoa, ela é extraordinariamente bem-sucedida. Antes de voltar aos bancos escolares para fazer seu MBA, Melanie ganhava a vida como modelo de catálogo. Ela admite abertamente que se preocupa com sua aparência. Sorri quando fala a respeito, mas não sofre mais com isso. Sente-se à vontade com seu corpo assumidamente imperfeito, e tenta convencer seus amigos a pararem de se preocupar com o tamanho do seu jeans. Recentemente, ela compartilhou este insight:

— Cerca de um ano atrás, ocorreu-me que não me vejo mais de maneira crítica. Observo para certificar-me que tudo combina e que minha blusa não está enfiada na parte posterior da meia-calça, sabe como é — ela ri. — Cuido do que é básico. Mas, simplesmente, não olho mais para mim nem desejo ser diferente. Pensei que talvez fosse o grande presente de ter passado dos 40. Então, estabeleci uma relação significativa.

"Nos primeiros cinco anos de vida dos meus filhos, tive uma babá maravilhosa. Quando as crianças tiravam uma soneca, ela ficava de folga e lia revistas de moda e beleza femininas. Havia sempre uma pilha delas por perto. Eu lia todas elas quando era mais jovem e parei de comprar quando simplesmente fiquei sem tempo para esse tipo de coisa. Peguei-me folheando as revistas em intervalos curtos, sabe como é — esperando a torrada ficar pronta, a água ferver, o filho achar a mochila.

"Seja como for, ela passou para outro emprego quando meu filho menor entrou para o jardim-de-infância, e com ela foram-se as revistas. Depois disso, notei uma grande mudança em minha auto-imagem. Acredito que minha autocrítica constante estivesse diretamente ligada aos valores expressos naquelas revistas. Sempre dependi de uma boa aparência; sei que isso me ajudou nos negócios. Mas percebi que, embora seja importante para mim, não é tão importante assim. Tem o seu lugar, mas não está mais entre as cinco primeiras prioridades. Percebi que meus padrões são diferentes dos propalados em anúncios; eles são mais realistas para a minha vida.

"Agora, também tenho um novo limite: não assisto mais à televisão no horário nobre, e não leio mais revistas femininas. No instante em que faço isso, começo a fazer comparações e a me sentir diminuída, o que é uma total chateação e uma tremenda perda de tempo. Não consigo expressar a diferença que isso faz em minha qualidade de vida.

"No mês passado, saímos de férias, coloquei meu traje de banho sem pensar em minha aparência e gostei de brincar nas ondas com meus filhos. Não sei se você consegue compreender o que isto significa para uma ex-modelo. É muita coisa. Foi uma grande descoberta para mim, sabendo que preciso me proteger da influência da cultura da moda. Agora, preciso encontrar a melhor maneira de ajudar meus filhos e meu marido a descobrirem e protegerem o que é importante para eles."

E xistem algumas coisas que são importantes de verdade em nosso cerne, e existem outras que importam porque são importantes em nossa cultura, em nossa família, nossa empresa, para o nosso cônjuge ou para a nossa comunidade. Fazer a distinção entre os dois grupos pode ser complicado, e isso requer boa dose de atenção. É bastante fácil convencer-nos de que os valiosos que são importantes em nossa cultura ou aqueles que amamos devem, por isso, ser de igual importância para nós. *Quando os relacionamentos começam a minguar ou azedar, grande parte das vezes é por causa de uma intensa falta de combinação dos valiosos.*

Em nossa juventude, sentimos que temos tanto tempo diante de nós que nos concentrarmos no que é mais importante não é uma prioridade. À medida que envelhecemos e a vida ganha mais velocidade e mais responsabilidades, e vemos o tempo começar a esgotar-se, queremos nos desfazer daquelas coisas que não são essenciais e nos concentrar nas coisas principais. Quando somos crianças, podemos nos dar o luxo de dizer sim para qualquer coisa. Somente mais tarde, quando colhemos as conseqüências de escolhas mal refletidas é que começamos a perceber que deveríamos utilizar nosso tempo de forma mais sábia. Na metade da vida, muitas pessoas começam a sentir necessidade de tornar claro o que é mais importante para elas.

## ■ OS VALIOSOS E A VOCAÇÃO ■

As pessoas têm mais escolhas agora do que jamais tiveram. Alunos de faculdade brilhantes, talentosos e motivados podem escolher quase qualquer carreira e ter sucesso nela. Infelizmente, muitos têm dificuldade em fazer boas escolhas quando são jovens. Segundo nossa experiência, a maioria das pessoas sequer estabelece o que é mais importante para elas até por volta dos 35 anos. No entanto, os afortunados têm preferências claras e fortes bem cedo na vida.

 Instantâneo:

Claire se afasta de sua mãe, que está dormindo num leito de hospital, e sorri para a enfermeira, Kimberly, cujo nome é proclamado alegremente por um crachá grande estampado com um rosto sorridente. Kimberly, que está de pé, perto de um suporte de soro intravenoso, tem um ar de competência e firmeza que parece incompatível com sua juventude. Claire sabia que estava envelhecendo quando os tiras começaram a ficar mais jovens, mas isso é verdadeiramente incomum.

— Você deve se cansar de ter de lidar com tanta tecnologia — Claire diz para Kimberly.

— É, pode ser cansativo, mas, quando tudo funciona, realmente facilita muito as coisas.

Na semana que Claire esteve com a mãe no hospital, viu as enfermeiras serem treinadas em um novo sistema de computador que diminuirá os erros de dosagem. Era óbvio que a curva de aprendizagem estava frustrando a todos, provocando uma queda na eficiência.

Kimberly prosseguiu:

— Eu me tornei enfermeira porque queria cuidar de pessoas, mas, como, por acaso, sou a fera dos computadores aqui, eles ficarão em polvorosa se eu sair — ela diz rindo. — O que é mais importante para mim é tomar conta dos pacientes e, se a tecnologia me ajuda a fazer isso, é maravilhoso.

Ela inclina a cabeça em direção ao aparelho de soro intravenoso, que não é confiável, e diz:

— Terei de pegar outro; é o terceiro que quebra hoje.

Kimberly continua a fuçar os controles e o ruído incessante pára de repente.

— Ah. Tudo bem. Agora deve ficar bom. Avise-me se começar novamente.

— Há quanto tempo você é enfermeira? Você parece jovem demais até mesmo para ter saído da faculdade...

— Dizem muito isto para mim — ela diz sorrindo. — Pareço mais jovem do que sou, mas tenho 22 anos. Acabei o ensino médio e a faculdade em quatro anos no total. Durante minha vida inteira eu quis ser enfermeira. Minha mãe é enfermeira e minha tia também. Eu as ajudava quando pequena. É tudo que sempre quis. — Ela sorri.

Claire acha que nunca encontrou uma pessoa mais feliz em toda a sua vida, e isto significa muita coisa quando estamos falando de uma enfermeira no final do turno na UTI.

— Como você teve certeza do que queria fazer? — Claire pergunta.

Kimberly caminha em direção à porta.

— Sempre tive. — Ela se vira e se encosta na parede.

— Eu trazia para casa animais perdidos e pássaros feridos e cuidava deles. É assim que sou. Sinto-me feliz assim. — Kimberly se vira para ir embora. — Voltarei num instante para observar sua mãe. — Seu doce sorriso parece prolongar-se na porta quando deixa Claire, que está maravilhada com o fato de alguém tão jovem ser tão segura do que é importante para si.

É extraordinário conhecer seu desejo mais profundo e então ter a inteligência, os dons e as oportunidades educacionais para sustentá-lo. Como se pode ser tão afortunado? Kimberly esteve segura desde muito cedo. Os outros têm de experimentar, pôr o mundo à prova, e freqüentemente descobrir o que é importante eliminando pouco a pouco o que não é. Não é um crime não saber.

O lado oposto da história de Kimberly é a de Nat. Madeleine conheceu Nat em uma festa alguns anos atrás. Tinha 44 anos e era um editor de alto nível de um jornal de finanças internacional. Quando Madeleine o conheceu, sua mãe tinha morrido um ano antes, e ele dizia que a experiência de observar o que as enfermeiras faziam o inspirou tanto que decidiu fazer o curso de enfermagem. Na época em que Madeleine o conheceu, Nat estava a três meses de deixar o jornal, formando-se em enfermagem e embarcando numa carreira totalmente nova.

Tanto Nat quanto Kimberly estão levando vidas impulsionadas pelo que é mais valioso para eles, embora tenham chegado lá por caminhos radicalmente diferentes.

## ■ NECESSIDADES E VALIOSOS ■

Os valiosos são o alicerce sobre o qual construímos nossas vidas inteiras. Eles determinam como decidimos ver e utilizar nossos dons; eles ditam nossos padrões; determinam a maneira como estabelecemos nossos limites. Se você não tem certeza do que é mais importante para você, talvez esteja construindo sua casa sobre um alicerce que desmoronará na primeira grande chuva. No capítulo anterior, voltamo-nos para as necessidades básicas que devem ser satisfeitas para que você aja da melhor forma possível. A razão pela qual trabalhamos primeiro com as necessidades foi para ajudá-lo a distinguir entre o que você *precisa* e o que *deseja*, grande parte das vezes uma distinção extremamente sutil para muitos de nós.

As necessidades nos impulsionam. Os valiosos são parecidos, no sentido de que se desenvolvem, quer queiramos ou não. Mesmo que você nunca tenha ouvido falar de valiosos como um conceito, eles moldam a maneira como você faz certas coisas, como gostaria de fazer outras e os objetivos em direção aos quais você caminha. Em grande parte, as necessidades não são opcionais — elas representam uma função de nossa personalidade e a soma total de quem nos tornamos ao longo do tempo. Os valiosos também são parte de nossa estrutura, mas só quando se tornam valiosos passamos a ter mais escolhas. Talvez não sejamos capazes de escolher nossas necessidades, mas podemos escolher e respeitar nossos valiosos.

Como o seu Objetivo Principal, suas necessidades e seus valiosos trabalham conjuntamente? Nesse momento, você tem a sensação de estar bem em frente a um palco com show de rock, o que é natural. Vamos conhecer Eric e ver como eles podem lhe acrescentar algo útil.

### Instantâneo:

O pai de Eric passou a vida toda trabalhando na indústria automobilística como gerente de linha de frente. Viveu na esperança de que um dia pudesse gozar a aposentadoria na costa oeste da Flórida, pescando o tempo todo. Todo fim de semana, era maravilhoso, porque ele "não estava na fábrica". Tudo de bom em sua vida era definido como qualquer coisa que não fosse trabalho. O pai de Eric nunca chegou à Flórida; morreu de ataque cardíaco 41 dias após se aposentar. Eric decidiu cedo que levar uma vida olhando para o futuro não era para ele; ele obteria o máximo a cada dia.

Nossa história alcança Eric 20 anos depois, justamente quando ele está começando a progredir num excelente emprego como diretor sênior de uma bem-sucedida empresa de navegação. Está com a empresa desde o início até o momento de luta para tornar-se líder de mercado. Tem orgulho da companhia, de sua contribuição às inovações, que deram à empresa um impulso inicial. Tem mais orgulho do fato de ter crescido com a empresa e é considerado um líder valioso. Recentemente, no entanto, o trabalho tem sido duro; as vendas se estabilizaram e pediram-lhe que demitisse pessoal a fim de assegurar a lucratividade da unidade. Como conseqüência desse estresse, o cabelo de Eric começou a cair, ele tem urticária e, pela primeira vez na vida, está tendo dificuldade para dormir.

Ele vive dizendo à esposa que as demissões são extremamente equivocadas, mas não consegue encontrar uma maneira melhor de aumentar a lucratividade. Eric trabalhou com um coach executivo de forma intermitente por vários anos. Ele se lembra de que seu coach sempre dizia: "Se algum dia quiser apenas conversar, se acontecer alguma coisa, sinta-se à vontade para ligar." Bem, Eric pensa, sem dúvida isto é alguma coisa. Ele estabelece uma conversa de emergência.

Depois de Eric expor a situação, ele ouve seu coach limpar a garganta.

— Isto é muito sério, Eric. O negócio é o seguinte: você tem uma necessidade forte de agir, certo? Acha que isto pode estar impulsionando você neste momento?

Eric levou um momento para refletir sobre o assunto.

— Bem, sim. Parece tão esquisito concordar e fazer o que foi pedido. Dá a sensação de que estou cedendo sem lutar.

— Parece correto. Então me conte um pouco sobre seu Objetivo Principal no momento presente. Suponho que não esteja pretendendo abaixar a cabeça e seguir suavemente em direção à aposentadoria.

— Você realmente está certo! Na verdade, estava discutindo isto com minha esposa. Meu objetivo neste momento é proteger o legado desta incrível organização que construímos.

— Tudo bem — disse o coach —, então você sabe que tem necessidade de entrar em ação, e seu Objetivo Principal é proteger o legado da empresa. Isto está claro. Também me parece que o que realmente está causando problemas aqui são seus valiosos. Pelo que me lembro, você tem valiosos muito fortes em relação a cinco coisas importantes: inovação, razão, inteligência, lealdade e coragem. Deixe-me apenas confirmar com você... eles ainda parecem verdadeiros para você?

— Humm, vejamos... inovação, razão e inteligência, lealdade e coragem. Sim, diria que estas coisas são importantes para mim.

— Tudo bem. Então isto pode explicar resumidamente por que esta situação está deixando você louco. Você deve sentir que, pensando bastante, tem de haver uma maneira melhor, certo?

— Exatamente — responde Eric, sentindo um alívio ao ver as coisas expostas daquela maneira e ao saber que outra pessoa tem a mesma visão.

Seu coach continua:

— Algumas outras coisas das quais me lembro causaram um impacto em mim a seu respeito: você trabalha porque ama o seu trabalho; caso contrário, rumaria em direção ao pôr-do-sol num carrinho de golfe, certo?

— Bem, gostaria de jogar golfe com mais freqüência. É verdade que adoro meu emprego, e adoro esta empresa. Provavelmente tirarei umas férias desta loucura diária e, finalmente, passarei ao papel de mentor ou algo parecido. Então, gostaria de utilizar meu conhecimento e minha experiência a fim de contribuir para outros negócios. Talvez fazer parte de alguns conselhos.

— É disto que me lembro. Encaremos os fatos. Você tem ajudado a empresa a alcançar um crescimento de dois dígitos ano após ano por meio da inovação e da criação de relacionamentos fortes com os clientes. Talvez você não tenha pensado sobre os valiosos por um tempo. Você apenas os tem vivido. Seus valiosos são inovação, razão, inteligência, lealdade e coragem. Talvez você ache que dispensar pessoal viole seu valioso de lealdade, o que, obviamente, é verdade. Mas há mais coisas a serem consideradas, além de lealdade. Como seus outros valiosos entram em jogo aqui? Como você pode utilizá-los para abordar esta situação de maneira diferente?

Eric já está de pé, pronto para agir.

— Tudo bem. Tenho uma idéia. Ligo para você depois.

E saiu correndo pelo corredor.

Razão e coragem foram os valiosos que o atingiram mais uma vez. O que mais o tem incomodado sobre as demissões é a falta de lógica por trás delas. Eric sabe muito bem que, quando se cortam empregados para reduzir custos, você já está com problemas. Também sabe que, embora o efeito de redução da força de trabalho seja bem devastador no curto prazo, pode também matar o futuro. Decidiu ali mesmo que precisava reunir sua equipe para encontrar uma abordagem diferente, e mais positiva, para melhorar a lucratividade, como tinham feito há anos, quando a adoção do fax reduziu o negócio deles pela metade de um dia para o outro. Ele viu, num piscar de olhos, que precisavam reinventar o negócio imediatamente, em vez de passar pelas demissões e encarar as dificuldades de motivar os empregados remanescentes para fazer o que tinha de ser feito.

Eric sabe que sua inteligência e sua razão lhe servirão. Ele também sabe que o ingrediente crucial a partir de uma perspectiva de valiosos é sua coragem. Nunca teve problemas em expressar sua opinião diante de uma oposição esmagadora. Já conquistou a reputação de contribuinte valioso que se opõe apenas quando realmente é necessário.

Eric convoca alguns de seus colegas de trabalho de muitos anos, junto com alguns dos novatos com as mentes mais argutas, e discute o que está pensando. Ficam todos sem palavras diante do que Eric diz e também satisfeitos, porque também tiveram dificuldade para dormir recentemente. Na semana seguinte, Eric e alguns escolhidos se encontram com seu antigo colega, agora CEO, para compartilhar abordagens de como lidar com os problemas da empresa. O CEO admite que está sob pressão tremenda. No entanto, eles recebem toda a sua atenção, e ele ainda é capaz de ouvi-los. Durante as semanas seguintes, os líderes seniores se reúnem por horas a fio e decidem dar um novo rumo ao negócio.

— Ainda não temos certeza de que funcionará, mas a adoção desta abordagem envolverá a todos de forma diferente. Ficar desmoralizado e deprimido certamente não estava funcionando — Eric diz a seu coach dois meses depois.

— Nós todos nos esforçamos demais para deixar esta coisa tomar o rumo óbvio. Nossa concorrência está recorrendo a demissões a fim de cortar custos. Continuo a acreditar que isto causa mais danos do que ganhos. Achava que, no mínimo, deveríamos experimentar outras medidas, unindo-nos como empresa para explorar outras opções. O conceito está se espalhando e a produtividade, enlouquecendo. Nosso pessoal está tão aliviado que não vai haver tempestade por enquanto.

Eric suspira fundo.

— Obrigado pelo lembrete sobre os meus valiosos, coach; lembrei-me de quem sou e isso me reanimou a assumir o controle.


C uidar de seus valiosos e protegê-los pode ajudá-lo a viver uma vida que faça mais sentido, uma vida da qual tenha orgulho. Quando sabemos o que é importante para nós, somos capazes de agir com clareza, coragem e paixão.

O trabalho deste capítulo pode ser desafiador e fazê-lo pensar. Felizmente, não temos de nos ocupar com nossos valiosos com muita freqüência. Você os achará mais acessíveis no próximo capítulo, sobre padrões, que costumam exigir mais supervisão. No entanto, você precisará manter seus valiosos com você em todas as ocasiões para guiá-lo ao longo de seus dias complicados e ajudá-lo a alcançar seu destino na melhor das condições.

- Valiosos são o champanhe da vida.
- Seus valiosos são provavelmente diferentes dos de sua família, dos de seus amigos e dos de seus colegas de trabalho. Estar ciente das diferenças lhe dará mais clareza ao tomar decisões importantes.
- Ninguém respeitará seus valiosos por você. Depende de você. (Se não for você, quem será então?)
- Se você não os viver agora, quando o fará? (Se não for agora, quando então?)

# CAPÍTULO OITO

# Designe e reivindique seus padrões

*Como seus padrões lhe causam danos?*

Os padrões são comportamentos e práticas aos quais você se agarra. Eles determinam o que você exige de si em qualquer situação. Nós todos temos em nossas cabeças uma lista enorme de "deveríamos" — idéias de coisas que *deveríamos* fazer, como *deveríamos* nos comportar, um código de conduta ou um conjunto de maneiras às quais acreditamos que deveríamos nos ater. O problema é que, embora tenhamos escolhido alguns deles de forma consciente, somos bastante irresolutos em relação ao resto. Aqueles em relação aos quais somos irresolutos nos perseguem e nos oprimem. Alguns são resquícios de um estágio anterior da vida; alguns absorvemos da cultura em geral; alguns nos foram impostos; de alguns, estamos vagamente cientes e apenas um pouquinho comprometidos com eles. A menos que você tenha intencionalmente escolhido um padrão e se certificado de que se encaixa com sua vida atual, ele exercerá uma pressão sutil que lhe suga energia.

Os padrões obscuros causam outros problemas também. Eles freqüentemente estão na raiz de julgamentos que fazemos sobre os outros e, conseqüentemente, afetam os relacionamentos. É improdutivo julgar e condenar outra pessoa com base em padrões próprios. Compreender seus próprios padrões e os dos outros a fim de atingir acordos claros sobre um comportamento aceitável o ajudará a impedir inúmeros confrontos.

 **Instantâneo:**
São dez horas da manhã do dia 21 de dezembro e Margaret
está encostada na mesinha de centro sentindo-se como se estivesse prestes a chorar. Incrivelmente inteligente, com uma série
de letras após seu nome no cartão de visitas, Margaret fica pelo menos dois
passos à frente de todo mundo, mas não deixa transparecer. Quando você
conversa com ela, ela faz com que você se sinta como se fosse a única pessoa
no planeta, olhando de perto para você com os olhos apertados de concentra-
ção e a cabeça virada. Se ela fosse um gato, suas orelhas estariam levantadas.
Está sempre impecavelmente arrumada e, ainda por cima, é loura natural, com
um gosto incomparável para acessórios. As pessoas querem odiá-la, mas não
conseguem, porque ela é genuinamente gentil.

Como executiva de operações sênior de uma grande empresa de serviços
de saúde, Margaret está acostumada a trabalhar arduamente e até tarde.
Atribui seu sucesso e suas muitas promoções no trabalho ao fato de que não se
casou nem teve filhos, dedicando a maior parte de suas horas ao trabalho.
Nunca questionou seu papel de funcionário-chefe das comunicações da família, porque todos os seus irmãos têm filhos e supõe-se unanimemente, embora
seja um equívoco, que ela tenha mais tempo livre do que todo mundo.

Todos os anos da última década, durante as férias, Margaret tem enviado
um cartão escrito à mão, acompanhado de um folheto informativo, aos seus
avós e a todos os seus outros parentes, contando-lhes as novidades da família
inteira de seis irmãos.

Mas, agora, Margaret percebe que, para ater-se a seu padrão costumeiro
das férias, terá de abdicar de seu sono entre esta noite e o Natal. Sua empresa foi comprada recentemente, e a carga de trabalho está pesada. Ela nem
mesmo teve tempo de comprar os presentes de férias personalizados que seus
empregados esperam. Vê sua própria imagem refletida na janela de sua sala
de estar e percebe que alguma coisa tem de mudar.

Margaret tornou-se escrava de seus padrões e nem mesmo sabe. Não notou que seu velho padrão para a sua rotina de férias não é mais exeqüível em sua situação atual. Freqüentemente, os padrões são desproporcionalmente altos para uma determinada situação ou um determinado ambiente. Em outras ocasiões, eles são penosamente baixos. Como podemos acompanhar o ritmo? Compreendendo o que são os padrões, o que eles *não* são e observando como eles oscilam à medida que nossas vidas mudam. Também precisamos compreender nossos padrões para que possamos comunicá-los de forma apropriada aos outros — às vezes, impomos os nossos aos outros sem perceber. Você mesmo provavelmente já tenha passado por essa experiência. Lembra-se da última vez que sentiu o peso das expectativas de outra pessoa? É uma experiência extremamente desagradável e improdutiva.

## ■ O QUE SÃO PADRÕES? ■

Padrões são simplesmente os comportamentos e práticas que exigimos de nós mesmos. Isto parece simples o bastante. O que não é simples é ser cristalino sobre o que são e certificar-nos de que possuímos os sistemas no lugar para sustentar aqueles que escolhemos. Segundo o dicionário, um padrão é algo estabelecido por autoridade, costume ou consentimento geral para servir de modelo ou exemplo a ser seguido, atingido ou superado. Parece uma carga pesada, e é. Então, é crucial que todos que você tenha para si sejam cuidadosamente examinados e revisados com regularidade.

Seus padrões são como a bagagem que você arruma para ampará-lo em uma viagem. A idéia é colocar o mínimo possível com apenas o que você precisa. E não importa o quanto você viaje, você ainda tem de voltar para casa e rearrumar tudo de vez em quando — você não quer terminar carregando um monte de tralha desnecessária. Todo padrão que você escolhe tem peso e exige um preço. Você precisa saber o que está carregando e qual é o custo.

Precisará certificar-se de que seus padrões se baseiam no que é mais valioso para você. A única autoridade que deveria decidir que modelo de comportamento você segue é você mesmo.

Entre alguns exemplos de padrões, estão:

*Faço o melhor que posso dentro do tempo designado.*
*Tenho pelo menos uma hora para mim todos os dias.*
*Ingiro comida saudável.*
*Supero as expectativas de desempenho no trabalho.*
*Digo obrigado sincera e freqüentemente.*
*Estou preparado com orientação e itinerário.*
*Sempre chego cinco minutos adiantado.*
*Cumpro minhas promessas.*
*Lembro-me de demonstrar meu apreço quando recebo feedback.*
*Não deixo o tanque de gasolina do meu carro ficar vazio.*

O que você pode notar sobre os exemplos acima é a linguagem inequívoca. Não existe "tentando"; um padrão não é algo que você tenta — é algo que você faz. Ponto final e fim da história.

## ■ *SEUS* PADRÕES ■

Com demasiada freqüência, as pessoas herdam ou adquirem — ou, ao contrário, empacam com — modelos de comportamento que não têm nada a ver com seus próprios valiosos ou interesses pessoais. Possuir altos padrões, tudo bem, mas certifique-se de que não está se arrastando por aí com os padrões de outras pessoas. Isto provoca confusão interna excessiva. Pense nisso — se você está constantemente tentando viver de acordo com padrões que nem mesmo escolheu, certamente, no final, vai ficar com pouca motivação.

As pessoas amiúde ligam seus padrões à moral e à ética, mas o único alicerce verdadeiramente útil para elas são seus próprios valiosos. A palavra *moral* vem de *moralis* e *ética*, de *ethikos*, as palavras latina e grega para "costumes" e "hábitos". A palavra latina deriva de *habitat*, como nossos hábitos.

Cada um dos seus padrões está baseado em alguma autoridade moral evidente? Qual?

A chave é reconhecer que nenhum é inerentemente "melhor" ou mais correto do que outro — é correto para você, neste momento, ou não é. Aferrar-se a um padrão exige compromisso e energia. Se você está pedindo a si próprio para se comportar de maneira que não reflete suas próprias crenças ou o que é importante para você, corre o risco de quebrar a cara mais cedo ou mais tarde.

Você precisará determinar os *seus* padrões. Talvez você tenha clareza sobre alguns, mas é provável que existam outros que não estejam claros. O que você acha que é um padrão talvez seja simplesmente um velho hábito que não lhe serve mais. O primeiro passo é identificar os padrões que você tem no momento e decidir em que eles se baseiam. Por exemplo: Qual é o seu padrão quando se trata de retornar uma ligação? Uma hora? Vinte e quatro horas? Três dias? Quando esse padrão foi instituído? É seu ou do seu antigo chefe? Ainda funciona para a sua vida atual? Até que ponto seus padrões estão alinhados com os da cultura em que vive ou trabalha? Até que ponto eles estão em desacordo?

Vamos dar uma olhada como isso se dá em sua vida de trabalho. Ao preencher a tabela na página 164, você precisará levar em consideração muitas das pequenas tarefas diárias que toma como certas. Talvez você fique surpreso ao descobrir que existem lacunas entre os seus próprios padrões e as expectativas do seu ambiente de trabalho. Toda pequena lacuna representará uma fonte de tensão baixa que você pode eliminar.

Reflita sobre estas perguntas no contexto de seu cenário de trabalho atual:

| Qual é o padrão em seu ambiente de trabalho para: | Qual é o seu próprio? | Qual é o padrão aceito em sua cultura de trabalho? | Qual é a lacuna, se houver alguma? O seu padrão é alto demais ou baixo demais? | Como isto o afeta? Como você pode mudar o seu padrão? |
|---|---|---|---|---|
| *Presteza* Até que ponto você está pronto e no horário? | | | | |
| *Precisão* Até que ponto você revisa seu trabalho em busca de erros? | | | | |
| *Comunicação* Você compartilha todas as informações com todos que precisam saber? | | | | |
| *Clareza de objetivo* Até que ponto você é claro sobre o que está tentando realizar com cada tarefa? | | | | |
| *Reuniões individuais* Até que ponto você cria oportunidade para verificações regulares com todos os membros das equipes? | | | | |
| *Resposta a e-mails e telefonemas* O que você pensa em relação a responder a mensagens de maneira oportuna? | | | | |
| *Confidencialidade* Até que ponto pode-se confiar totalmente em que você não vai fazer fofoca? | | | | |
| *Administração de reuniões* Até que ponto suas reuniões são focadas e produtivas? | | | | |
| *Tempo social* versus *Tempo de trabalho focado* Você usa o seu tempo tão bem quanto deveria? | | | | |
| *Prazos* Até que ponto você cumpre o prometido? | | | | |
| [Acrescente os seus próprios padrões] | | | | |

Alguma novidade aqui para você? Alguns de seus padrões são altos demais? Baixos demais? O que você fará a respeito? Que padrões você mudará?

Estabelecer um novo padrão para si é um negócio difícil e não deve ser encarado sem seriedade. Como dissemos anteriormente, quando não se tem padrões, vive-se terrivelmente mal. Portanto, seja meticuloso em relação aos padrões que escolhe e, uma vez que o tenha feito, prepare-se para vencer. Por exemplo, se você decidiu que um de seus padrões é cumprir suas promessas, faça apenas promessas que tenha absoluta certeza que poderá cumprir, com exceção de atos divinos. Se um de seus padrões for ingerir comida saudável, faz bastante sentido colocar na agenda uma ida à seção de frutas e legumes do supermercado duas vezes por semana.

Conhecemos uma presidente de uma organização de seguros que tinha o padrão de estar em casa com os filhos à noite. Tinha também o padrão de responder a todos os telefonemas e e-mails no mesmo dia em que os recebia. À medida que ascendeu na organização, os dois padrões se excluíram mutuamente, e seu nível de estresse tornou-se incontrolável. Não havia maneira de ela manter os dois padrões — um deles tinha de ser abandonado. Um dos maiores favores que você pode fazer a si mesmo é estabelecer apenas padrões aos quais realmente possa se ater.

Como você sabe se seus padrões são baixos demais? No local de trabalho, geralmente, as pessoas o dizem a você. Mesmo quando não são diretas, elas dão dicas — como o seu gerente reclamando o quanto está irritado com um relatório que acabou de receber, no qual os pontos não foram bem analisados. É uma informação importante, mesmo que não tenha sido dirigida a você.

Você está constantemente recebendo feedback. A informação de que precisa está à mão. Você tem de prestar atenção. Mantenha as antenas ligadas, uma vez que o feedback é freqüentemente sutil, e a maioria das pessoas só o dará uma vez. A maioria fica sem graça de dar feedback mais de uma vez. Ninguém quer se aborrecer. Ouça com atenção as pistas que as pessoas dão — elas são um presente destinado a ajudá-lo a modular seus padrões para alcançar o sucesso.

## ■ DECISÕES-PADRÃO ■

Uma vez que tenha refletido sobre seus padrões atuais, você notará como eles afetam todas as decisões que você precisa tomar. Seus padrões se refletem em todas as decisões que você toma, grandes ou pequenas. Por exemplo, se um de seus padrões é ter uma hora de tempo livre para si, isto naturalmente limitará seus compromissos sociais. Se não consegue se decidir a que dizer sim, seus padrões serão o seu guia. Conhecemos um executivo do ramo de publicidade que viaja muito a trabalho. Um de seus padrões é que, quando não está viajando, passa pelo menos metade das noites com sua família. Aceita os compromissos sociais essenciais e limita os outros. Os padrões, quando específicos, ajudam você a estabelecer limites.

Vê como os padrões são importantes? Tentar viver segundo padrões que foram impostos pela cultura do trabalho ou que são uma herança de sua família ou de velhos amigos representa um fardo. A vida é curta demais. Faça com que todos os padrões, em seu trabalho e em sua vida pessoal, sejam seus e *apenas* seus.

## ■ MANTENHA SEUS PADRÕES PARA SI! ■

Os padrões são fortemente afetados por nossa família, pela cultura em que fomos educados, e freqüentemente se baseiam em coisas que se tornaram naturais para nós. Um exemplo clássico disso é a variação de padrão bastante óbvia e da qual muito se comenta sobre estar "na hora". Em algumas culturas, considera-se algo terrivelmente grosseiro chegar após a hora estabelecida, ao passo que em outras considera-se descortês chegar na hora. Nenhum dos dois é inerentemente certo ou errado. Mas isto não nos impede de julgar os outros de maneira severa por ter um padrão diferente do nosso.

Nossos padrões controlam quase todos os julgamentos que fazemos dos outros. Julgar é um impulso natural que pode ser reprimido, compreendendo-se a cultura e a história dos outros e tentando avaliar o que é de valor para eles. Isto requer autoconsciência, disciplina e autocontrole. Geralmente caímos no padrão de supor que a maioria das pessoas é como nós, deveria ser como nós e, de alguma maneira, está errada se não for. Referimo-nos a isto como a síndrome de SCE (Seja Como Eu).

Vejamos como dois empregados valiosos com visões de mundo e conjuntos de padrões totalmente diferentes causam problemas um para o outro.

## Instantâneo:

Ruth é alta e morena, com uma determinação característica no maxilar, que ela define como texana. Quando está chateada, o que ocorre a maior parte do tempo, seus lábios automaticamente se comprimem, formando uma soturna linha cinzenta. Stacey é baixa, loira e inegavelmente alegre. Quando está estressada, nunca parece estar chateada. Ela simplesmente treme e fica à beira das lágrimas. Ruth e Stacey se desprezam, e o gerente delas está prestes a arrancar os cabelos. Ele designou-as para trabalharem juntas por causa de seu conjunto de habilidades diferentes e complementares, necessárias ao sucesso do projeto. Deu três meses para que seu relacionamento de trabalho desagradável se resolva antes de demitir as duas e começar do zero. Odiaria ter de fazer isso porque cada uma delas é talentosa à sua maneira, e as duas estão a par dos detalhes do projeto de alto risco.

Qual é o problema? Ruth é a rainha criadora de relatórios em planilha Excel e base de dados do Access; todos confiam em sua abordagem analítica sistemática. Ela fica louca quando as pessoas cometem pequenos erros de grafia, de cálculo ou no registro de qualquer dado. Quando os colegas ligam para ela com perguntas, ela lhes diz que acha que eles estão desperdiçando o tempo dela com perguntas idiotas. Acha Stacey uma idiota. Ruth não consegue entender como Stacey sequer conseguiu, que dirá como mantém, seu emprego, levando-se em consideração a quantidade de erros que comete. Não consegue compreender como qualquer universidade concedeu a Stacey um título acadêmico, considerando-se que ela mal consegue ler ou copiar informações de maneira precisa para as planilhas.

Mas, quando os colegas ligam com perguntas, ficam aliviados se Stacey atende o telefone; eles sabem que serão recebidos de maneira afetuosa e terão uma explicação detalhada do que precisam saber. E receberão um telefonema dela para acompanhar o processo. Também sabem que Stacey lhes dará insights direcionados à sua própria maneira de fazer as coisas. Com Ruth, eles mal conseguirão uma pequena pista quanto ao próximo passo, nada mais do que uma dica sobre o que fazer. E, ao final da conversa, eles se sentem como se tivessem sua inteligência questionada.

Ruth e Stacey trazem talentos cruciais ao projeto atual, e nenhuma das duas é tão forte sozinha quanto o são juntas. O gerente delas coloca Ruth a cargo da coleta de dados e dos relatórios, enquanto dá a Stacey a responsabilidade do contato direto com os clientes. As duas sentem-se insultadas com esta divisão de trabalho.

Stacey e Ruth freqüentaram um curso de treinamento sobre tipos de personalidade, e uma coisa sobre a qual elas concordam (embora nunca tenham discutido isso) é que o instrutor mentiu quando disse que nenhum tipo de personalidade é inerentemente melhor ou mais valioso do que qualquer outro.

R uth tem padrões que se baseiam em valiosos com os quais ela cresceu — sua família brincava de jogos de palavras e realizava competições de palavras cruzadas. Ela e seus irmãos competiam por causa de notas e seus pais, ambos físicos, traziam para casa problemas interessantes para a família resolver à mesa do jantar. Precisão está no sangue de Ruth — literalmente, seu jeito de ligar-se às pessoas. Stacey, por outro lado, cresceu em um mundo em que a empatia e a aferição de estados emocionais eram fundamentais para o bem-estar de sua mãe. Era estimada por cuidar muito bem das pessoas ao seu redor. Estes são dois conjuntos de valiosos diametralmente opostos, com dois conjuntos de padrões correspondentes e sem meios-termos. Sem compreensão e generosidade de espírito, o resultado inevitável é o conflito.

Nós todos gostaríamos de achar que os adultos no local de trabalho não se envolvem nesse tipo de insanidade. No entanto é o que acontece todos os dias. Quando os padrões e os valiosos se chocam, esse choque freqüentemente leva ao tipo de mau comportamento que se esperaria de uma criança de cinco anos. Dentre todas as coisas que enlouquecem os chefes, esta talvez seja a mais comum, e é certamente a mais difícil para eles quando se trata de exercer sua influência. Vimos organizações utilizarem programas de capacitação, coaching e de assistência aos empregados, terapeutas e mediação em situações como a que ocorreu entre Ruth e Stacey, alcançando sucesso mínimo. Tudo o que podemos dizer é que se você (sim, você) está em desavença com alguém em seu local de trabalho, deve dar uma boa olhada em como seus valiosos e seus padrões são diferentes para ver se há conflito.

Como você sabe que seus próprios padrões o estão colocando em uma enrascada? Quando você tem pensamentos do tipo: "Nossa, mas como eles são burros", "Que idiota", "Quem deixou eles entrarem?". Quando você revira os olhos se alguém se afasta de você, quando começa a evitar os telefonemas, quando deixa de conceder a alguém o benefício da dúvida, quando começa a buscar provas que apóiem seu julgamento. Você sabe do que estamos falando. Todos nós fazemos isso. Isto não é problema porque você não está sendo caridoso, mesmo que seja este o caso. Não estamos pedindo que você seja mais legal. Estamos pedindo que seja *mais inteligente*.

Para ampliar seu horizonte, pare por um minuto e faça-se uma série de perguntas que talvez dêem a pancada na parte superior da cabeça de que às vezes todos nós necessitamos:

*O que nos deixa tão enfurecido com esta pessoa?*
*O que é que torna esta pessoa tão radicalmente diferente de mim?*
*Como isso as torna melhores ou piores que eu?*
*De acordo com quem?*
*Que valor elas trazem que eu não tenho/terei/não conseguirei ter?*
*De que me serve não levá-las em conta?*

Talvez isto lhe forneça uma nova perspectiva que o ajudará a comportar-se. Se existe uma verdadeira falta de combinação, você terá de encontrar uma solução e conduzir seu julgamento. Seus padrões são apenas seus e, se tentar impô-los aos outros sem seu consentimento, você ficará sozinho de verdade.

Bem... encontrar uma maneira de apreciar o que a outra pessoa traz é totalmente diferente! E se você acessar o lado mais generoso de sua natureza para fazer isso, conquistará mais poder para si mesmo. Você certamente estará tirando o melhor de uma situação difícil.

Se estiver pensando *Ai, meu Deus, teria de ser muito imaturo para precisar desse conselho*, você é um ser humano melhor que o restante de nós. Você também estaria entre a minoria que não tem conflitos em suas vidas. Ao contrário do que diz a opinião popular, é necessário apenas uma pessoa para diminuir o conflito. Assim que uma das partes se retrai, a outra geralmente põe fim à sua posição defensiva, retraindo-se também. Se você acha que está imune a comportar-se como uma criança porque não consegue perder de vista o que é importante para você, nós o desafiamos a pensar mais um pouco. Jamais conhecemos um cliente que não tenha entrado na dinâmica da síndrome de SCE em algum momento da vida, causando muito desconforto a si próprio, bem como aos outros. Afaste-se da síndrome de SCE e poupe bastante tempo e energia.

## ■ CONTROLE SEUS PADRÕES ■

Os padrões estão assentados em um mesmo *continuum*. Freqüentemente, estão ou muito altos ou muito baixos para a sua situação, e precisam ser ajustados para ficarem "na posição correta". Devem ser *monitorados* em relação à sua adequação à medida que seu papel e seu ambiente mudam. Um exemplo perfeito disso é o choque que os alunos com nota 10 no ensino médio têm ao chegar à faculdade. Alunos brilhantes no ensino médio de repente se vêem cercados por colegas que são tão bons quanto eles, e outros até melhores. O obstáculo foi apresentado; o padrão de excelência mudou. Outro momento importante quando os padrões precisam ser reavaliados, freqüentemente causando traumas, é quando um empregado sai de um grupo ao ser promovido. As regras mudam, causando tensão em relações que antes eram fáceis e agradáveis.

É importante lembrar-se de que os padrões representam uma escolha: é preciso mudá-los ou deslocá-los quando passarem a causar mais mal do que bem, como aconteceu com Margaret. Sua correspondência de férias, que começou como algo divertido e gratificante, tornou-se algo opressivo. Ela estava se submetendo ao que achava que era uma tradição, com regras antigas que *ela* mesma criara. Cabe a ela reescrever suas próprias regras. O que surpreende, mas muito comum, é a cegueira de Margaret acerca de seu próprio poder sobre a situação.

O exemplo de Margaret pode lhe parecer absurdo, caso a comunicação não seja um valioso para você, mas podemos apostar que, neste momento, você está se submetendo a regras próprias das quais não tem consciência. Não há um grande livro das regras que dite os nossos padrões. Nós mesmos decidimos quais são eles, a partir do contexto em que estivermos *no momento*. Vamos observar o que acontece quando nossos padrões se tornam arraigados.

## Instantâneo:

Dave tem 49 anos e sente os 50 pesando sobre si rápido demais. Corre oito quilômetros todas as manhãs, uma herança da disciplina física da vida militar. As calças cáqui que ele usa no estilo casual das sextas-feiras foram tão bem passadas que parecem capazes de ficar de pé sozinhas. Sua equipe suspeita que ele engome a roupa íntima. Seu chefe o adora, mas sua equipe o odeia, e, embora ele tenha consciência disso, está entediado das queixas. Como seu pai sempre dizia: "Quando a situação fica dura, os durões se vão."

No entanto, Dave está ficando preocupado. Em sua última análise de desempenho, o chefe expressou seu apreço pelo tanto que ele fizera e seu assombro diante do fato de sua equipe ter mantido altos números — a única em toda a empresa. Ele salientou, todavia, que Dave tinha de encontrar uma maneira de pôr fim à evasão de pessoal. "Os números são excelentes", disse ele, "mas a substituição regular de seus gerentes de venda resultou em um impacto negativo na unidade de negócios como um todo, Dave." Ele respirou, franziu o cenho e prosseguiu: "Você tem de produzir sem perder tanta gente.

Gostaria que pensasse na possibilidade de trabalhar com um coach para examinar algumas possibilidades de mudar um pouquinho seu estilo."

Dave ficou enfurecido. O que a empresa queria que ele fizesse? Que se tornasse um molenga como Pete "marshmallow", que trabalha mais abaixo no corredor? Ele simplesmente não compreende por que as pessoas são tão bobas hoje em dia. Quando era novato, matava-se de trabalhar. Agora, sente que esses caras querem ganhar dinheiro sem fazer força. Ele trabalha até tarde da noite e também nos fins de semana para consertar os relatórios desleixados e abaixo do padrão preparados por sua equipe de vendas, e fica com raiva. Na segunda de manhã, passa um sermão neles e diz que seu trabalho está muito abaixo da média.

O que isso custa a Dave? Seu estado oscila entre frenético, ofegante, hostil e encurralado. Está se esgotando rapidamente. Vai para casa e reclama com a esposa:

— Eles querem que eu produza os números, mas não querem lidar com as conseqüências.

A esposa de Dave, que viu esse trem vindo a quilômetros de distância e se preocupa constantemente com seu nível de estresse, diz:

— Dave, talvez você pudesse encontrar um modo de produzir os mesmos números sem se matar ou matar sua equipe. Por que não aceita a idéia do coach? Tem de haver maneira melhor.

Duas semanas depois, o novo coach de Dave entra e lhe entrega o relatório de feedback de 360 graus.

— Uau — diz ele —, as pessoas realmente respeitam você, Dave, respeitam sua visão, sua energia. Mas você tem de mudar seus métodos ou vai ser uma banda de um só músico.

— É, nem brinca.

E o trabalho começa.

Primeiro, Dave desabafa, soltando fumaça. Isto permite que o coach compreenda o que é importante para ele: vencer, manter a papelada sem erros, trabalhar arduamente para obter uma grande gratificação. Também começa a compreender que os padrões de Dave são implícitos e obscuros para a sua equipe, que, como foi mostrado na leitura do relatório de 360 graus, sente-se freqüentemente apanhada em uma emboscada armada por ele. Também sabe, por experiência, que os padrões que Dave detém são desnecessariamente altos. Ele faz a seguinte pergunta a Dave: "Se você fosse capaz de abandonar a idéia de como as pessoas devem se comportar e se concentrasse apenas no que precisa ser feito para manter os números altos, o que seria diferente?"

Dave olha para seu coach com os lábios franzidos de contrariedade e, enquanto pensa "Quem este cara pensa que é?", reflete sobre a pergunta. Há um longo silêncio.

— Dave, estou falando sério. Seu julgamento vale a dor que está sentindo agora? — pergunta o coach.

Dave ri e responde:

— O único aspecto que me causa dor são as quotas desarrazoadas.

— Isso é besteira, você sabe — dispara de volta o coach. — Você está muito perto de ser o tipo de gerente que inspira as pessoas, em vez de esgotá-las. O que vai lhe custar dar o salto?

Dave reprime o desejo de bater em seu coach porque sabe que ele está certo.

— Tudo bem. Veja o que vou fazer. Minha equipe está superando sua meta de vendas; este é um padrão que eles parecem manter mês após mês. Então, vou pegar mais leve em outros sentidos. Onde você acha que devo ceder?

O coach diz:

— Bem, Dave, quais são os procedimentos mais importantes para você, em ordem de prioridade?

Dave leva um minuto para fazer uma lista das prioridades no bloco de anotações sobre a mesa:

- Superar as metas
- Relatórios de sexta-feira até as três da tarde
- Surpreender os clientes com a rapidez com que apresentamos as propostas
- Que os clientes nunca vejam um único erro tipográfico
- Estabelecer e estudar exatamente por que ganhamos e perdemos negócios

- Que a equipe me mantenha informado e eu saiba em que pé está cada conta no ciclo de vendas

Quando Dave termina a lista, vira-se para o coach com um olhar de "Bem, não é interessante?" no rosto.

Seu coach pergunta:

— O que há de interessante em sua lista?

— Vejo o que é mais importante e o que eu deveria fazer.

— Tudo bem — acrescenta Dave —, parece-me que os únicos itens aqui dos quais eu realmente preciso são aqueles que contribuem para a meta de vendas. Então, estes seriam os números de contatos e propostas e a qualidade do follow-up. Eu poderia redesenhar o formato dos relatórios para reduzir os detalhes financeiros. Isto o tornaria mais breve e mais fácil para a equipe lançar informações. Tenho de poder receber relatórios bem preparados sem que eu mesmo tenha de fazer o trabalho ou levar todo mundo à loucura com exigências irracionais. Não me preocuparei com erros tipográficos no relatório, apenas com o conteúdo. Não farei novamente o trabalho dos outros.

O coach de Dave suspirou aliviado. Velhos padrões podem ser difíceis de romper. Quando Dave fala com sua equipe sobre seus novos padrões e os alerta de que vai ser difícil para ele mudar, eles concordam que escrevê-los no grande quadro branco da sala de reuniões ajudará todos a se lembrarem de qual é o foco — inclusive Dave.

Três semanas depois, Dave chega em casa para o fim de semana às 5h30 da tarde, surpreendendo sua esposa.

— Vamos jantar e pegar um filme — diz ele. — Faz tanto tempo!

Ao usar as Três Perspectivas como guia, Dave percebeu que os outros o viam como um controlador obstinado, uma impressão que não aumentava sua eficácia. Alguns dos padrões que o tornavam mais eficaz numa parte anterior da sua vida não eram mais relevantes. Dave tinha de voltar à prancheta e concentrar-se no que mais importava para fazer o trabalho. Assim que reformulou seus padrões, comunicou-os às pessoas que se sentiam afetadas por eles. Também pediu apoio para mantê-los claros e não voltar aos hábitos antigos. Sua equipe estava feliz em obedecer.

## ■ ACORDOS CLAROS ■

A nteriormente, conversamos sobre não impor aos outros os nossos critérios. Isto não quer dizer que, se for importante, não devemos *comunicá-los* aos outros. Mantenha seus padrões em *seu favor*, mas não os guarde *para* si. Não é justo prender as outras pessoas a regras das quais elas não estejam cientes e com as quais não concordaram. *Quando as pessoas têm de realizar algo juntas, devem decidir quais serão os padrões para todos os envolvidos.* Quanto maiores os riscos, maior deve ser a clareza de nossos acordos.

Quanto mais suposições fizermos, maior o risco de os padrões implícitos serem rompidos. As suposições estão na raiz da maioria dos mal-entendidos. As pessoas freqüentemente atribuem significados diferentes à mesma palavra — você pode achar que *acabado* pode significar um primeiro rascunho completo de um documento, enquanto seu colega acha que quer dizer a versão final, revisada, do documento. Quando um grupo tem muitos membros de diferentes fusos horários, o *fim do dia de trabalho* deve ser claramente definido por um fuso horário específico. Tantas reuniões acontecem pelo telefone hoje em dia que muitas pessoas se esquecem de designar quem liga para quem.

A atenção a pequenos detalhes como fusos horários, bem como chegar a um acordo a respeito deles, podem determinar o sucesso ou o fracasso de um projeto. Uma discussão aprofundada dos padrões ajuda todos os envolvidos a evitarem confusões, que consomem tempo e dinheiro.

## ■ EVITANDO ACORDOS CLAROS ■

N ós sempre temos uma boa razão para fazer o que fazemos, então, quando sabemos que precisamos de acordos claros, mas evitamos fazê-los, tenha certeza de que há um motivo para isso. Entre as razões que ouvimos, estão:

*Não tenho tempo.*
*Tenho medo de que as pessoas pensem que sou meticuloso demais, extremamente focado em detalhes.*
*Receio que as pessoas pensem que não confio nelas.*
*Prefiro não ser pressionado.*

Todos válidos, e todos receitas para o desastre.

**A *armadilha do tempo*.** Vezes sem conta passamos pela experiência de investir tempo no começo e poupar no fim. O velho provérbio "É melhor prevenir do que remediar" é uma sabedoria antiga que resistiu à prova do tempo.

**Medo de ser um detalhista.** Ninguém quer ser considerado compulsivo ou com fixação na fase anal, mas aqueles que não têm paciência de ocupar-se com a preparação detalhada do terreno são freqüentemente gratos, embora a contragosto, àqueles que exigem clareza.

**Confie agora, pague depois.** A questão da confiança é extremamente delicada, e as diferenças culturais podem complicar ainda mais as situações. É importante lembrar que a confiança se constrói com base no respeito e a longo prazo. Você pode se aproximar dos outros com seu desejo de acordos claros, com o máximo respeito, simplesmente dizendo a verdade; algo do tipo: "Segundo a minha experiência, podemos nos confundir. Você se importaria se estabelecêssemos algumas regras básicas para que todos saibam qual é a sua posição?" Ou: "Como não estamos tão familiarizados assim uns com os outros, seria útil para mim ter uma idéia clara da maneira como você trabalha melhor." Tais comentários devem resolver o problema.

*Fobia de compromisso.* A última razão é extremamente comum e insidiosa. Muitas pessoas preferem manter os detalhes pouco claros de modo que possam fugir um pouco no que se refere a expectativas de qualidade e prazos, se o tempo ficar apertado. Se acha que isso se aplica a você, e tem consciência de sua forma de ser, você, provavelmente, é alguém que faz muito malabarismo e se orgulha disso. Ou talvez esteja tentando voar abaixo da área de alcance do radar, sabendo que está se garantindo com um trabalho abaixo da média. De qualquer modo, você está apenas esperando ser apanhado com seus padrões em baixa, e isso causa um estresse significativo, embora imperceptível. *Você* sabe quando está tentando escapar impune de alguma situação e, quando admite este fato para si mesmo, fica uma sensação terrível. Ao confessar a verdade, um enorme desperdício de energia pode ser eliminado. A sensação de alívio é recompensadora, seja qual for a falsa liberdade da qual você acha que vai abdicar.

Os acordos selados com clareza ajudam a saber de imediato o que se pode esperar dos outros e o que eles podem esperar de você. A planilha de compromissos simples que apresentamos a seguir foi usada por centenas de clientes nossos. Sua utilização o ajudará a estabelecer seus padrões desde o começo.

Ao revisar a planilha, notou lugares onde você não está de acordo com os padrões de seus colegas? Você vê alguns pontos nos quais talvez os seus padrões sejam elevados demais para a situação? Baixos demais? Nos quais exista falta de clareza em relação às pessoas com as quais está trabalhando? Quais conversas devem ocorrer para assegurar que tudo fique o mais objetivo possível?

Prometemos a você um exercício para assegurar que todos os padrões se baseassem no que é mais importante. O exercício também ajudará a utilizar seus padrões para tomar decisões que possam apóiá-lo em sua busca do Objetivo Principal. Finalmente, ele o ajudará a traçar um plano que comunique os seus padrões de maneira eficaz.

## Exercício dos padrões

### Parte 1. **Una seus valiosos aos padrões**

No capítulo sobre valiosos, você identificou valiosos do dia-a-dia e de destino. Coloque-os na coluna da esquerda da tabela a seguir e depois defina um padrão que apoiará esse valioso. Os padrões podem ser representados por um hábito, uma prática regular ou um compromisso.

| O exercício dos acordos claros | |
|---|---|
| O quê? | O que estamos tentando realizar?<br>Qual é a esfera de ação?<br>O que significa *acabado*?<br>Quais são os fatos significativos?<br>O que será coberto?<br>O que está omitido?<br>O que *não* estamos fazendo? |
| Por quê? | A quem servirá?<br>Qual é o propósito fundamental?<br>Quem será mais afetado se tivermos sucesso? E se fracassarmos? |
| Quando? | Quando começamos?<br>Qual é o prazo final?<br>Quais são os prazos importantes?<br>Quais são as conseqüências de um prazo não-cumprido? |
| Onde? | Exatamente que localização física será utilizada?<br>Que fuso horário será o padrão?<br>De quem serão o equipamento, os telefones e os carros?<br>De onde serão descontadas as despesas? |
| Quem? | Quem será responsável pelo quê?<br>A quem notificamos?<br>Quem precisa ser consultado?<br>Quem precisa manter-se informado?<br>Quem se encontrará com quem e com que freqüência?<br>Quem dará prosseguimento ao trabalho com quem?<br>Quem será o bode expiatório? |
| Como? | Quais serão nossos processos?<br>Como as decisões são tomadas?<br>Como expressamos divergências? |

Como saberemos se estamos no caminho certo?
Que língua utilizaremos?
Com que tipo de comportamento concordamos?
O que esperamos em termos de qualidade?
Com que rapidez concordamos em responder a telefonemas e e-mails?
Quão atrasado pode-se estar?
Quais padrões de excelência tomamos como certos?
Como saberemos que obtivemos êxito?
O que constitui um fracasso?

| Valioso | Padrão |
|---------|--------|
| Graça | Rezar dez minutos por dia.<br>Agradecer a pelo menos uma pessoa por dia. |
| Elegância | As roupas combinam, não têm manchas, estão limpas e passadas.<br>Nenhuma desordem em meu espaço pessoal. |
| Vigor | Feito é melhor do que perfeito — prazos são sacrossantos.<br>Dizer não quando/se não consigo fazer o trabalho. |

| Valioso | Padrão |
|---------|--------|
| Escreva os seus aqui: | Que padrões podem apoiar esse valioso? |
| | |
| | |
| | |
| | |
| | |

## *Parte 2.* **Reflita e ajuste seus padrões**

Que padrões você possui que não pode unir a um valioso?

Reflita sobre estas perguntas antes de decidir manter tal padrão para si:

- Qual é o custo desse padrão para você e para seus colegas de trabalho/sua família/seu cônjuge/seus amigos/seus animais de estimação?
- Que necessidade está sendo satisfeita quando você se comporta dessa maneira?
- Qual é o padrão ou de quem é o padrão que você está tentando seguir?
- Como seria a sua vida se você não tivesse de manter esse padrão?
- De onde veio esse padrão?
- De quem ele é realmente? É realmente seu?
- Como ele serve para você/contribui para a sua qualidade de vida?
- Como você poderia elevar/reduzir esse padrão a fim de se adequar melhor às realidades de sua vida?
- O que você poderia mudar nesse padrão que o desobrigaria e o deixaria feliz?

Anote os padrões escolhidos ou remodelados.

De que padrão está disposto a se livrar?

## *Parte 3.* **Comunique seus padrões**

Lembre-se de que haverá pessoas que não concordarão e não o apoiarão caso você queira reduzir ou elevar um padrão. Quanto mais você fizer para ajudar as outras pessoas a compreenderem o seu padrão e as razões para ele, melhor será. Você precisará estabelecer limites para aqueles que não podem ou não o ajudarão.

Quem precisa saber sobre seus novos padrões? Anote os padrões escolhidos ou reavaliados.

Quem precisa saber sobre eles? Como você pode dizer a tai pessoas de maneira a ajudá-los a compreender e a se disporem a ajudá-lo?

Faça essas perguntas a cada padrão definido acima por você.

- Os padrões estão intimamente ligados a seus valiosos. Conheça seus valiosos primeiro, e seus padrões se tornarão claros.
- Descubra quando você é escravo de seus padrões e liberte-se.
- Reajuste seus padrões à medida que as circunstâncias e o ambiente mudarem.
- Tenha cuidado com o modo como julga os outros com base em seus próprios padrões.
- Busque acordos sobre padrões comuns ao trabalhar com outras pessoas, para evitar conflitos.

# CAPÍTULO NOVE

# Estabeleça e defenda seus limites

*Como você permitiu tornar-se capacho?*

Um limite é uma linha na areia. É o que permitimos que os outros façam conosco ou perto de nós. É essencialmente a permissão de fazer certas coisas que concedemos às pessoas em nosso ambiente. Quando alguém ultrapassa um limite, vai além das fronteiras. Nesse caso, estamos falando de seu território emocional. Os limites, como as necessidades, são profundamente pessoais, e freqüentemente nos sentimos nervosos por tê-los. Sabemos que, uma vez que os declaremos, teremos de defendê-los. Em todos nós existe a lembrança indistinta da criança no parquinho que diz "Ei, pára com isso" só para ouvir a temida resposta "Ah, é? Quem vai me fazer parar?". Está certo — se você vai impor limites, deve estar pronto para fazer com que os respeitem.

Mas primeiro você tem de saber quais são eles. Compreender, articular e fazer respeitar os seus limites é importante porque as infrações provocam a formação de pequeninos escoadouros de sua energia e de seu foco. O escoadouro pode ser quase imperceptível, mas os efeitos se acumulam com o tempo e ocasionam explosões defensivas repentinas que parecem raios inesperados. Assim como você precisa fazer uma escolha para satisfazer suas necessidades de maneira responsável, o mesmo deverá acontecer ao estabelecer e defender seus limites. Assim, você manterá a força necessária para estar em sua melhor forma.

 **Instantâneo:**
David é o melhor amigo de todo mundo. Extremamente inteligente, ninguém ficou surpreso quando ele passou por uma das melhores faculdades de administração e foi trabalhar imediatamente para uma das mais expressivas empresas de consultoria administrativa. Ascendeu rapidamente cargo a cargo; sua ética de trabalho é lendária. Os amigos gozam de seu vício de falar ao celular e, quando seus filhos eram pequenos, achavam que o fone de ouvido do telefone fazia parte de sua anatomia.

David viaja pelo mundo a negócios, orienta novos associados, administra seu grupo de ex-alunos da faculdade de administração, é presidente do conselho de sua cooperativa e, recentemente, entrou para o conselho de uma escola particular para a qual espera que sua filha vá. Sua reputação como alguém que sempre vai um pouco além do esperado estimula as pessoas a lhe deixarem mensagens com os seguintes começos: "Odeio perguntar, mas você é a única pessoa a quem posso confiar isso." Ultimamente David começou a se sentir ansioso toda vez que verifica seu correio de voz porque sabe que haverá mais solicitações que o intrigarão, o estimularão e o ocuparão.

Também é conhecido em toda a empresa como o modelo para as relações de destaque com os clientes. Mas, certa vez, quando sua já complicada noite de sono em Hong Kong foi interrompida às cinco da manhã por um telefonema de um cliente gritando furioso por causa de um suposto erro cometido por um dos associados, David começou a se perguntar como havia permitido que as coisas tivessem chegado àquele ponto.

Durante o vôo de volta para casa, admite a um colega mais velho, seu antigo conselheiro, que freqüentemente se sente como um pedaço de carne pendurado sobre um lago de piranhas. Quando seu amigo cantarola "I'm Just a Girl Who Can't Say No" (Eu sou apenas uma garota que não consegue dizer não), do musical Oklahoma, David ri — mas também sabe que está na hora de mudar.

Os limites estabelecem impedimentos. O militar os denomina de *no fly zones* (zonas de interdição aérea) e querem dizer "Fique fora!". Limites bem definidos e bem guardados funcionam exatamente da mesma maneira. Talvez você ache que estabelecer e fazer respeitar limites seja algo presunçoso e atrevido. Afinal de contas, *"Quem você pensa que é?"*. Quem nunca sentiu a picada desta pergunta? Ela se destina a fazer com que você questione: "Quem penso que sou?" Quem penso que sou para dizer não? Quem sou eu para impor minha vontade sobre os outros? Quem sou eu para ocupar espaço? Quem sou eu, em outras palavras, para reivindicar direitos e estabelecer limites?

Nós achamos que é uma boa idéia perguntar "Quem você pensa que é?", para que, da próxima vez que passar por sua cabeça, você tenha resposta a esta pergunta. E, no contexto dos limites, a resposta é: Sou alguém que dá um basta, de maneira suave, porém firme.

O que você diria se afirmássemos que é 100% responsável pela maneira como é tratado e 100% responsável pelo que as pessoas esperam de você? Nós o desafiaremos a avaliar cada uma de suas relações com base nos aspectos que você determinou que tivessem e naqueles que você não determinou. Isto inclui seu relacionamento consigo mesmo.

Sua avaliação pode revelar que algumas das pessoas com as quais você mantém relacionamentos regulares exibem comportamentos que o levam à distração. Então, você poderá escolher entre tentar exercer influência sobre esses comportamentos ou não. Você poderá explicar a situação, formular pedidos claros e concisos de outras pessoas e testar sua disposição e sua habilidade de honrar esses pedidos. Talvez elas pensem que você seja irracional — talvez você o seja. Se todos fôssemos razoáveis, todos os relacionamentos seriam mais simples. Mas pelo menos você terá aberto uma linha de diálogo e poderá avaliar até que ponto pode ou não exercer controle sobre aspectos *não* escolhidos por você.

Ter limites, como qualquer outro Ponto de Alavancagem neste livro, significa ser claro como água a respeito de como pretende que sua vida, seu emprego e seus relacionamentos sejam, e depois fazer *escolhas* baseadas nessas intenções. Não queremos deixar subentendido que você sempre estará no controle, mas talvez tenha mais controle do que pensa. Nossa experiência nos diz que você tem muito mais controle sobre como aprende com seus relacionamentos do que está disposto a admitir. Existe apenas um modo de descobrir. É lá que você realmente encontrará a recompensa do trabalho que teve para satisfazer suas necessidades. Depois de compreender suas necessidades, será muito mais fácil impor limites.

### ■ DIZER "NÃO" ■

David pode ter achado graça da melodia, mas percebeu que realmente precisava aprender a dizer "não". Sua primeira resposta a quase tudo era sim. Ele se vê como um tipo servil — uma pessoa de atitude positiva que tudo pode e de tudo se incumbe. O hábito de David de dizer sim é primeiramente um produto da maneira como ele se vê e de sua enorme quantidade de energia. Sua habilidade de viver segundo sua auto-imagem fez com que as pessoas o vissem da mesma forma. Agora, ele tem uma reputação a manter. E criou-se um círculo vicioso — um produto perfeito do que originalmente era algo positivo. Não que David esteja cercado de pessoas que queiram aproveitar-se dele. Mas sua capacidade de viver segundo sua auto-imagem finalmente chegou ao limite, e está na hora de render-se à realidade.

A maioria de nós tem muito menos energia do que David e, quando prometemos além de nossa capacidade, somos forçados a deixar de cumprir. Para aqueles com necessidade de realização ou um valor de serviço, isso pode representar um escoadouro de energia colossal, porém sutil. Então, a primeira pessoa com quem é necessário estabelecer limites é consigo mesmo.

O alicerce do impulso de aquiescer a pedidos que levarão nossos recursos ao limite é quase sempre uma necessidade não-satisfeita. A necessidade de agradar os outros e ser bem respeitado é bastante comum. Mas existem outras, tal como a necessidade de atingir um objetivo; a necessidade de se sentir envolvido e causar um impacto positivo também pode ser um fator. Outro é a necessidade de satisfazer a curiosidade; vimos, com David, que cada novo pedido inflamava seu interesse, embora ele soubesse que sua atitude podia exauri-lo ainda mais.

Como expusemos antes, ter noção clara de quais são suas necessidades pode dar um apoio tremendo para a compreensão de seus limites. Uma vez que você saiba a que pode e não pode dizer "não", estará apto a aplicar o conceito para aprimorar seus relacionamentos.

## ■ LIMITES E RELACIONAMENTOS ■

Nos relacionamentos, pode parecer mais fácil, inicialmente, deixar as coisas acontecerem, permitir-se ser a vítima, deixar que outra pessoa seja "impossível" ou "o sujeito malvado". Você pode se convencer de que é boa-praça e consegue suportar o que quer que seja. O custo de tais relacionamentos no longo prazo, todavia, é enorme. Pense na última vez em que explodiu sem razão com alguém, de maneira desproporcional ao acontecimento. A pessoa ultrapassou um limite que você não tinha deixado claro ou nem mesmo sabia que você o tinha? Isto já tinha acontecido com você? Você teve tempo de parar e pensar sobre o acontecimento? Você simplesmente supôs que a outra pessoa era culpada e seguiu seu caminho? Lembre-se da última vez em que alguém fez ou disse algo que você não conseguiu suportar e, então, teve algum dos seguintes pensamentos:

> *O que elas estavam pensando?*
> *Como puderam fazer/dizer aquilo?*
> *Não faço o bastante por aqui?*
> *Que modos terríveis!*
> *Como eles podiam não saber disso?*
> *De que planeta eles vêm?*

Ou parou para se perguntar: *Humm... Como contribuí para este acontecimento? O que poderia ter feito para impedi-lo? Como eles poderiam ter sabido que isto me deixaria furioso?* Quando um relacionamento passa por um momento difícil, é muito mais fácil supor que o outro seja culpado do que admitir que ajudamos a criar a situação.

Dissemos que o desafiaríamos a examinar todos os relacionamentos importantes que tem. Um dos comentários daqueles que começam a trabalhar com um coach é que seus relacionamentos ou melhoram de forma radical ou desaparecem. Isto é emocionante, mas potencialmente amedrontador. Lembre-se do que mencionamos antes sobre escolhas. Olhe para cada um de seus relacionamentos e decida se vai optar por uma das três propostas:

1. Invista em sua melhoria de forma significativa, para que a satisfação de ambos os lados aumente sensivelmente.
2. Decida que está maravilhoso do jeito que está.
3. Desenvolva um plano para se despojar do relacionamento porque não vale a pena o esforço tremendo que requer sua manutenção. Você pode, ao refletir, perceber que um relacionamento outrora produtivo passou a oferecer pouco retorno.

Não estamos sugerindo que deva jogar fora todos os seus relacionamentos difíceis. Isto seria absurdo. Em alguns casos, você pode discutir o que mais importa para você e até mesmo tornar melhor o relacionamento. Se decidir manter um relacionamento, mesmo que seja tremendamente difícil e tenha impacto negativo em seu bem-estar, esta será uma *escolha* sua. Esse tipo de escolha geralmente baseia-se numa necessidade forte de cumprir uma obrigação ou de ter a lealdade como um bem valioso. No entanto, se for o caso, quando se sentir exaurido por alguém com quem decidiu sustentar um relacionamento, você pode se lembrar de que fez uma escolha e que não é uma vítima.

Por que isso é crucial? Porque, quando não nos sentimos "à vontade" em um relacionamento, principalmente com alguém que não respeita nossos limites, tornamo-nos vítimas. Sentir-se vítima cria ressentimento, uma emoção amarga e insidiosa, que se desloca de maneira furtiva e silenciosa e instala residência permanente antes que a tenhamos percebido. E depois se alimenta; busca evidências para justificar sua existência e cuida de si para ganhar força. O ressentimento aniquila tudo de bom em seu caminho: o respeito, a afeição e a confiança. Pode matar o que faz a vida valer a pena:

alegria, paixão e prazer. E o ressentimento não fere tanto outras pessoas quanto fere seu portador. A autora Anne Lammott, cujos personagens amiúde lutam para se tornar pessoas melhores, escreveu em *Crooked Little Heart*: "Abrigar ressentimento é como tomar veneno de rato e esperar que o rato morra."

Se você está esperando que o proverbial rato morra, há grande chance de você ter um relacionamento cheio de ressentimento, um sinal muito provável de que alguns limites foram ultrapassados. Decidir não estabelecer e fazer respeitar seus limites representa um erro grave. É prejudicial aos relacionamentos e representa uma catástrofe pessoal potencial, pronta para acontecer. Vamos dar uma olhada em como isto pode se desenrolar.

## Instantâneo:

Brian está louco com a consultora que veio ajudá-lo a administrar um novo e interessante projeto. Suzanne é inteligente, engraçada, cuidadosa e, a princípio, uma espécie de quebra-cabeça para Brian. Ele não conseguia entender como alguém tão jovem podia ter sido vice-presidente em sua antiga empresa e como, em seus trinta e poucos anos, podia se dar o luxo de trabalhar unicamente por projeto, reservando seis meses do ano para pintar no Martha's Vineyard. No entanto, Brian passou pela experiência de suas reuniões práticas e sua eficiência a toda prova, onde tudo fazia sentido. Brian percebe que ele é o feliz ganhador do bolo de apostas do projeto, uma vez que Suzanne é extremamente competente, está sempre analisando os fatos e sugerindo planos de ação que incluem reservas de contingência em todos os seus principais pontos. Ele está aliviado e grato porque, quando o projeto aterrissou em seu colo, não conseguia ver como seria feito; sua programação já estava além da conta.

Em uma certa sexta-feira, após uma longa semana, toda a equipe do projeto está comendo em suas baias, trabalhando durante o almoço, para poder deixar o escritório em um horário razoável. Brian, então, entra obviamente exasperado por causa de suas reuniões matinais e já atrasado para a próxima. Olha em volta para todos os seus empregados e grita:

— Nada de comida aqui! De agora em diante, todo mundo come na lanchonete. Isto é repugnante! — Ele entra no escritório e, como não é de seu feitio, bate a porta ao passar.

Todos os seus empregados se levantam em suas baias e se entreolham, perturbados, desconcertados e confusos. Por que Brian, geralmente razoável, agiria como um imbecil autocrático?

O que causou esta cena? O projeto saíra dos trilhos? E onde está Suzanne? O que a srta. Perfeita pensará do novo decreto? Suzanne, como todo mundo, vai até a lanchonete e traz o almoço para a mesa. Mas Brian não é o único a notar que Suzanne se alimenta de comida saudável, salmão, brócolis, couve-de-bruxelas e, certa vez, uma sopa de algas marinhas extremamente picante. Tudo o que faz Brian ter náuseas. Desde a infância, Brian é sensível ao cheiro de comida, mas odeia admiti-lo para qualquer pessoa porque parece muito banal. Está ciente do cheiro de peixe e de outros cheiros há algumas semanas, mas estava impressionado demais com Suzanne para dizer qualquer coisa. E temia que ela levasse para o lado pessoal, o que poderia atrapalhar seu desempenho. Então, deixou que tudo acontecesse enquanto sua frustração crescia, até que, num dia realmente ruim, ao final de uma longa e difícil semana, o limite que ninguém conhecia foi violado mais uma vez, e ele explodiu.

Teria sido difícil para Brian dizer: "Suzanne, você pode achar estranho — minha esposa certamente acha —, mas não consigo tolerar cheiro forte de comida. Você se importaria de ficar na lanchonete quando escolher almoçar uma refeição em vez de sanduíche?"

Suzanne poderia ter achado inconveniente comer na lanchonete, mas não seria preferível isso a ter toda a equipe pensando que Brian é um chefe psicótico? O que é melhor: "Meu chefe é um pouco estranho no que se refere à comida" ou "Meu chefe é psicótico"? Tudo o que é preciso para um sujeito bem respeitado como Brian passar a ter má reputação é uma explosão desse tipo. Infelizmente, todos os meses de comportamento equilibrado não contam quase nada. Ninguém, numa posição de liderança, pode dar-se o luxo de ter um comportamento inconsistente — pode ser perdoado, mas o dano à confiança, que leva tanto tempo para ser construída, é enorme.

Brian ficou preso aos seus limites. Acontece com todo mundo, às vezes, e mesmo àquelas pessoas que se consideram firmes e diretas. Ninguém *quer* ser pego em uma situação que o faça comportar-se de maneira inconsistente com sua auto-imagem ou que possa lhe custar confiança ou respeito. *Ninguém* sai para trabalhar planejando agir como um completo imbecil. Quando realmente nos comportamos mal, com freqüência ninguém fica mais surpreso que nós mesmos, e isso sempre acontece quando já estamos estressados, e quando foi ultrapassado um limite que ninguém sabia existir. Então, proteja-se antes. Conheça seus limites e deixe-os claros para evitar o estresse. Prepare-se para o estresse — é uma das poucas reações com as quais você pode contar.

### ■ POR QUE NÃO ESTABELECEMOS LIMITES? ■

**1. Os limites mudam.** Pode ser difícil acompanhar.

Tal como os padrões, os limites mudam à medida que mudamos e, às vezes, nos descuidamos de torná-los claros novamente para nós mesmos. Pode ser difícil reconhecer quando um limite se modifica. Crescemos e nos transformamos a uma velocidade imperceptivelmente lenta e, considerando-se todas as distrações da vida diária, podemos facilmente não perceber nossa própria evolução. Uma redefinição clássica de nossos limites surge amiúde quando recebemos uma promoção. Uma das atitudes mais difíceis de se conseguir é permanecer amigo daqueles que antes foram colegas de trabalho e passaram a ser subalternos. Enquanto todos querem permanecer amigos, o fato de que uma pessoa tem agora um cargo mais elevado provoca uma mudança necessária dos limites de todos os grupos. De repente, não é apropriado partilhar certas informações pessoais ou, em conversas diretas, revelar mais do que o absolutamente necessário.

**2. Temos medo do que as pessoas pensarão.** Existe sempre alguém que não queremos aborrecer ou magoar.

Este ponto está profundamente ligado às Três Perspectivas. No caso de Brian, ele queria que os outros o vissem como despreocupado e normal. Considerava sua aversão a cheiros de comida algo estranho e temia que outras pessoas a interpretassem da mesma forma. Sentia-se desconcertado com sua sensibilidade, mas nem de longe tão desconcertado quanto ficou com seu violento ataque.

Às vezes, devido a costumes culturais ou à nossa percepção de hierarquia, realmente achamos que não nos é permitido ter limites. Essa questão não se restringe à assistente administrativa agüentando os comentários inconvenientes de seu chefe; também surge em relacionamentos com cônjuges, irmãos e amigos. Com freqüência, não conseguimos estabelecer fronteiras porque tememos que, se o fizermos, isso colocará em perigo todo o relacionamento em questão. No caso de Brian, embora tivesse posição hierárquica, estava nervoso com a possibilidade de diminuir a eficiência de Suzanne.

Todos temos medo de ser julgados, e o seremos, de fato, não importa o que façamos. Não estabelecer limites por medo do que as pessoas pensarão de você sempre terminará causando mágoa às pessoas ao seu redor e a si próprio. Estabelecer prontamente seus limites, doutrinar e esperar que as pessoas se comportem de maneiras que evidenciem o melhor de sua personalidade fará com que elas esqueçam o passado, lembrando-se apenas do que você tem de melhor. Podem caçoar de você a princípio, mas e daí? Geralmente, as pessoas só caçoam de quem gostam.

**3. Precisamos da linguagem para expressar nossos limites de forma eficaz.**

Mesmo quando conhecemos nossos limites, freqüentemente nos faltam habilidades apropriadas para expressá-los em palavras. A linguagem da cultura ocidental possui um vocabulário de assertividade limitado e é, na maioria das vezes, percebida como autoritária, dominadora e exigente. Quando queremos que alguém pare de agir de um determinado modo, estamos limitados a *não*, *pare* e *não faça*. Em vez disso, a linguagem necessária para se estabelecerem limites deve indicar, de maneira neutra, a ação a ser interrompida ou tomada. Também deve oferecer uma alternativa, se possível, concedendo às pessoas a permissão de dizer não.

Uma das maneiras de estabelecer um limite é simplesmente dizer às pessoas suas regras, sem julgar:

- Prefiro não falar ao telefone durante o jantar. Posso ligar depois?
- Gostaria de me revezar na limpeza, mas não quero fazer tudo sozinho.
- Não vou levar meu notebook comigo nas férias.
- Fico confuso quando você levanta a voz.

Você pode expressar suas preferências pessoais sem problema, desde que consiga fazê-lo sem crítica ou hostilidade subentendida. Expresse-as como se fossem um fato, como o céu é azul, como se fossem as escolhas mais naturais e normais do mundo.

Muitas das vezes, a razão de nos contermos é a possibilidade de a opinião pessoal estar associada a um julgamento — nosso impulso inicial é expressar o julgamento. Sabemos que não deveríamos externá-lo sem pensar — isso só afastaria as pessoas. Então, em vez de chamar alguém de lerdo e preguiçoso, você pode pedir que essa pessoa o ajude na limpeza. Em vez de dizer "Seu feitor de escravos desalmado, você não pode me pedir para trabalhar nas férias!", você pode optar por "Tenho planos de me isolar nas férias".

Talvez você não queira começar diretamente ditando ordens. Talvez queira tentar algo um pouco menos autoritário, como fazer um pedido simples:

- Fico nervoso quando você levanta a voz. Muito me ajudaria se você pudesse falar baixo.
- Estou muito frustrado e realmente preciso dar vazão a meus sentimentos. Poderia segurar os conselhos até que eu esteja mais preparado para escutá-los?

- Por favor, deixe-me finalizar (minha frase, meu ponto de vista, outra conversa).
- Não me sinto bem quando você me interrompe no meio de um telefonema. Por favor, deixe-me terminar a conversa.

Outro modo de agir, ligeiramente mais suave, é fazer uma pergunta explorando a possibilidade de uma mudança de comportamento e oferecer alternativas. A solução é sugerir em tom neutro:

- Você poderia colocar sua xícara de café em algum lugar que não fosse a minha mesa?
- Você se importaria de abaixar o volume da música?
- Daqui para a frente, você estaria disposto a ligar antes de vir?
- Poderíamos tentar fazer as coisas um pouquinho diferente?
- Posso pedir um favor?
- Gostaria de fazer um pedido.
- Poderia me ajudar...

Pode ser difícil reconhecer que um limite que você está estabelecendo cause um inconveniente ou pareça um pouquinho estranho. A única maneira de lidar com isso é simplesmente dizer a verdade:

- Tenho uma pequena idiossincrasia que você deveria conhecer...
- Talvez você ache isso estranho, mas...
- Odeio causar inconvenientes, mas isso é muito importante para mim...
- Algumas pessoas estão um pouco surpresas em saber...
- Preciso informar-lhe algo a meu respeito que é um pouco fora do comum...
- Isso é muito pessoal e me deixa um pouco desconfortável, mas...
- Isso é embaraçoso, mas...
- Quero que você saiba...

**4. Talvez tenhamos de lutar pelo limite, mantendo-nos firmes.**

É razoável esperar que a maioria das pessoas em nossas vidas respeite e honre os limites que estabelecemos. Contudo, nem sempre tudo é tão fácil. O que acontece quando nossas "zonas de interdição aérea" não são respeitadas? Temos, então, a escolha de ceder ou de nos manter firmes. A maioria de nós cede, porque defender nossos limites requer um esforço combinado e deliberado.

Existem três tipos de pessoas que se recusarão a respeitar um limite:

*Os bem-intencionados, mas esquecidos*
*Os incapazes*
*Os tiranos*

Se um amigo ou colega concordou em obedecer a um limite, mas, logo em seguida, não o faz, cabe a nós lembrá-lo do acordo que estabelecemos. Mais uma vez, nesses casos, a linguagem nos deixa na mão. O que escutamos em nossa cabeça é freqüentemente pessoal, reacionário e inútil, tal como chamar alguém que viola os nossos limites de idiota ou algo pior. Temos de encontrar outras maneiras de mostrar que uma fronteira foi ultrapassada. Entre as opções, estão:

*Achava que tínhamos um acordo. Está correto? O que podemos fazer para*
    *assegurar que ele seja cumprido?*
*Lembra-se da conversa que tivemos sobre _____?*
*Parece haver um problema com o que concordamos. Podemos discutir o*
    *assunto?*
*Conversamos sobre isso e devo ter entendido mal que você concordou em...*
*É importante para mim que você não _____.*
*Poderia se lembrar disso daqui para a frente?*

Variações dessas opções, embora desconfortáveis, devem funcionar com os bem-intencionados. No entanto, outras pessoas revelarão repetidas vezes inabilidade para respeitar um limite e possivelmente isso se manterá durante um longo período de tempo. Com relação a elas, você deve fazer uma escolha: tolerar ou não a maneira como violam seus limites. Pode decidir restringir seu relacionamento evitando compartilhar informação pessoal ou passar seu tempo com elas. O modo como muitos de nós decidimos estar com as pessoas, o que revelamos e o que não lhes revelamos, e as atividades de que participamos quando estamos em sua companhia, tudo isso influencia os limites que podemos ou não fazer que elas respeitem. Com algumas pessoas sinceras, porém incapazes, podemos simplesmente dizer a verdade:

*Meus sentimentos estão realmente feridos porque você traiu minha confiança mais uma vez. Não me sinto seguro compartilhando segredos com você.*

*Adoraria me encontrar com você para almoçar, mas só tenho meia hora. Sei que pode ter problemas para chegar aos lugares pontualmente, então por que não marcamos um jantar que nos dê mais flexibilidade de tempo?*

*Realmente, aprecio sua companhia, mas me deixa terrivelmente desconfortável falar de outras pessoas do departamento. Poderíamos combinar de conversar sobre nossas vidas e sobre o projeto?*

Aqueles que são, de fato, incapazes de respeitar seus limites simplesmente devem sair de sua vida. A maioria de nós permite que os relacionamentos com essas pessoas desapareçam gradualmente — esta é uma opção tão boa quanto qualquer outra. Mas alguns invasores de fronteiras vão persegui-lo e podem forçá-lo a ser grosseiro:

*Tenho apreciado alguns aspectos de nosso relacionamento e sinto que deveríamos nos concentrar no que há de melhor nele.*

*Prefiro passar meu tempo de maneira um pouco diferente.*

*Isso não funciona mais para mim.*

### ■ O INIMIGO NO TRABALHO ■

Tal como ter um grande amigo no trabalho pode aumentar enormemente sua satisfação, ter um inimigo nessa esfera representa uma grande fonte de estresse. Nem todo mundo tem um inimigo ou perseguidor no trabalho, mas, para algumas pessoas, isso existe, e não tem solução. Não gostaríamos de examinar o conceito de limites sem nos voltarmos para lidar com os tiranos que simplesmente insistem em não respeitar pessoas perfeitamente razoáveis.

Todos já fomos torturados por alguém que decidiu tornar nossas vidas um inferno. Pode ser o vizinho que passa a ter medo e raiva do seu gato e os estende a você com bilhetes asquerosos, ou o colega de trabalho que odeia olhar para você, sem razão alguma. Quanto mais percebemos a aversão ou a desconfiança de alguém, mais é difícil estabelecer um limite. Não vamos especular sobre os impulsos dos tiranos, mas enfrentá-los é a única solução. O ressentimento que se acumula quando você permite que os tiranos ajam a seu modo é uma grande fonte de estresse que podemos, pelo menos, ajudá-lo a administrar.

Uma situação é estabelecer um limite, chegar a um acordo, e depois ver o acordo rompido por falta de reflexão. Outra bem diferente é estabelecer um limite e vê-lo negado. Mas o que acontece quando confrontamos as pessoas e elas dizem não? E aí? O que acontece se não temos autoridade para fazer valer a própria vontade? O velho espectro do valentão do parquinho assoma em grande forma: "O que você vai fazer? Bater em mim?"

As batalhas campais que se travam entre as fileiras de baias das empresas consomem muita energia. Essas batalhas freqüentemente advêm de um desejo de exercer poder ou autoridade uns sobre os outros. Estabelecer limites com tiranos, ou recuar e decidir o que fazer no caso de suas imposições serem negadas, exige coragem e astúcia. A compreensão da dinâmica das lutas de poder pode ser extremamente útil.

No Capítulo Quatro, referimo-nos ao Modelo de Estratégias de Poder. Quando se está lidando com um tirano, especialmente algum que ocupe cargo ou posição de poder sobre você, há dominação. Como talvez você se lembre, quando está dominado, dispõe de quatro possibilidades de ação: sujeitar-se, submergir, entrar em conflito aberto ou sabotar. Seria justo dizer que todos estes são diferentes modos de estabelecer um limite.

Por mais difíceis que estas quatro opções possam parecer, elas são respostas legítimas à dominação. Antes de adotar qualquer uma delas, talvez você queira levar em consideração as seguintes regras de batalha.

*Primeira regra.* Raramente escolha lutar, e o faça de modo prudente. Selecione suas batalhas. Se decidir manter-se firme (por exemplo: comprar uma briga com um tirano), assegure-se de que é para levar adiante ou defender uma questão importante para você. Caso se envolva em uma briga apenas porque deseja vencer por princípio, está arrumando um problema sem fim.

*Segunda regra.* Faça anotações. Documente comportamentos ofensivos e/ou descabidos. Nas situações de trabalho, a documentação fornece credibilidade para que uma situação não acabe em litígio. Isto acontece com muito mais freqüência do que você possa imaginar. Em situações pessoais, observar os fatos pode evitar que você empaque em reações emocionais, de modo que, mais tarde, terá a clareza necessária para discutir os acontecimentos e a maneira como eles fizeram você se sentir.

*Terceira regra.* Busque ajuda profissional. Quanto mais você conversar sobre o problema com pessoas que não podem ajudá-lo, mais entrincheirado ficará em seu ponto de vista. Você pode desabafar, encarar a realidade ou traçar estratégias com amigos ou outras pessoas, mas, se, após toda essa conversa, não tomar uma atitude, estará simplesmente reclamando. Nas situações de trabalho, seu primeiro recurso é seu chefe. Depois disso, existem os programas de assistência ao empregado ou os serviços de mediação.

Conhecemos pessoas que, quando todo o resto deixou de surtir resultado, deixaram os empregos ou se transferiram por causa de colegas provocadores e tirânicos; retirar-se da situação foi a atitude mais inteligente que podiam ter tomado. Vá devagar, envie seu currículo, planeje uma estratégia, mas faça. Se lhe oferecem uma contraproposta ao sair, você pode mencionar que um indivíduo específico o aterrorizou. Se a sua for a única reclamação, provavelmente nada será feito, mas existe grande chance de você não ter sido o primeiro.

Em situações pessoais, buscar ajuda é igualmente importante. Mediação profissional, aconselhamento ou terapia são caminhos possíveis caso o tirano seja alguém importante para você. Se ele ou ela não for uma prioridade em sua vida, não há dúvida de que precisa afastar-se do tirano.

## ■ A BOA NOTÍCIA ■

Gostaríamos de compartilhar um fenômeno estranho que percebemos. O verdadeiro trabalho em estabelecer limites envolve:

1. Entender claramente qual é o limite.
2. Enunciar o limite, incluindo um pouco de prática quando o disser em voz alta, até tê-lo compreendido perfeitamente.
3. Arriscar-se e estar disposto a estabelecer o limite.

Uma vez que esse trabalho árduo esteja feito, muitas vezes, não há necessidade de dizer nada. Há uma transferência de energia, uma sinalização psíquica ou alguma outra magia indefinível que ocorre quando a preparação inicial já foi feita. De repente, a pessoa com quem o limite precisa ser estabelecido simplesmente interrompe o comportamento ofensivo. Não sabemos por que isso acontece, mas temos visto isso repetidamente. Um cliente está frustrado e chateado com determinado comportamento de uma pessoa e trabalha para identificar, articular e representar a imposição de limites com a parte ofensora. Mas, bem no dia seguinte, a pessoa em questão se aproxima com um pedido de desculpas e promete não fazer novamente. Ou o ofensor simplesmente interrompe o comportamento, não dando ao cliente oportunidade de dizer nada. Isso é um mistério. É apenas coincidência? Achamos que não. Diz-se que os cachorros farejam o medo e, em nossa opinião, as pessoas farejam um ingênuo. Se você sabe quais são seus limites e está disposto a estabelecê-los, há uma chance grande de as pessoas perceberem.

 **Instantâneo:**

Georgia tem um sorriso que, por si só, poderia acender uma vela. Quando estava na faculdade, seu apelido era Brilho do Sol e, no final, passou a ser chamada de Ensolarada. Na escola de direito, o apelido pegou, mas, quando Georgia começou a trabalhar em sua primeira firma de advocacia, decidiu que seria hora de retomar seu nome de verdade, mais sonoro profissionalmente. Achou que causaria uma impressão melhor. Sua personalidade, todavia, não tinha mudado; continuava tão afetuosa e bondosa como sempre fora. Seu sorriso se inflamava facilmente e ela não queria mudar esse aspecto.

Georgia era uma das primeiras de sua turma na faculdade e casos importantes da empresa lhe foram destinados, mas ela se sentiu intimidada pela atmosfera agitada na companhia. As reuniões, mesmo as pequenas, eram uma briga generalizada; apenas os participantes mais impetuosos, os que falavam mais alto, conseguiam ser ouvidos. Suas sugestões eram vetadas repetidamente, não apenas pelos sócios seniores, mas por quase todo mundo. Georgia notava que os outros a interrompiam e terminavam suas declarações, freqüentemente ganhando o crédito por seus insights ou idéias. Após três meses de observação, tomando nota de incidentes específicos ocorridos nas reuniões, estava claro para Georgia que o modelo incômodo se instalara. Pior ainda, ela começou a se sentir esmagada pela mentalidade de grupo; sabia que precisava interromper aquilo, mas como?

Georgia percebe que tem de estabelecer limites claros que determinem seu direito de ser ouvida. Ela caminha pelas Três Perspectivas — Como você se vê? Como os outros o vêem? Como você deseja ser visto? Suas respostas escritas lhe mostram problemas em diversos níveis.

A primeira pergunta é como ela se vê. Acredita que vale a pena ser ouvida? Georgia se pergunta até que ponto ela mesma pode ter contribuído para o problema ao não querer parecer rude ou agressiva. Sabe que vale a pena ser ouvida; disso, tem provas em abundância, desde os anos da faculdade de direito, dos estágios de verão e do trabalho com colegas assertivos na revisão de processos legais.

Infelizmente, Georgia conclui que os outros não a vêem como alguém digno de ser ouvido, o que a força a ponderar sobre como isso aconteceu. Ela percebe que a imagem que tem de si como pessoa agradável a impediu de lutar por suas próprias idéias, permitindo aos outros pensarem que sua opinião não tem valor. Afinal de contas, ela percebe, se não estou disposta a lutar por meu espaço, por que alguém deveria fazê-lo por mim?

Georgia deseja ser vista como alguém atuante, e intelectualmente ela o é. Sabe também que, para ser eficaz na empresa, vai ter de entrar na briga.

Ensaia as conversas que terá com todas as pessoas que a interrompem habitualmente. Na noite anterior a seu autodesignado "dia do limite", ela se revira na cama. Imagina John, um dos sujeitos que começou a trabalhar na empresa na mesma época que ela, zombando e chamando-a de bebê. Imagina um dos sócios seniores, homem que rotineiramente amaldiçoa os associados, disparando em sua direção uma série de imprecações escolhidas a dedo. Ela, por pouco, não decide que risco de total humilhação não vale a pena e abandona todo o plano. Após uma noite maldormida, pula da cama, toma uma ducha fria e conclui que é melhor lutar e perder do que sair sorrindo educadamente.

Na reunião seguinte, o estômago agitado de aflição, Georgia pergunta se poderia acrescentar um item à agenda. Quando chega sua vez, ela se levanta e diz:

— Bem, aqui está. Vocês todos me interrompem constantemente.

Dan, um dos sócios seniores, imediatamente interpõe-se, dizendo:

— Ora, que besteira...

— VOCÊ ESTÁ FAZENDO ISSO NESTE MOMENTO — Georgia interrompe, com um fio de suor ressumando na parte inferior de suas costas.

Dan pára e olha em volta, envergonhado. Georgia examina a sala, repentinamente tranqüila.

— Você me faz perguntas, mas não me deixa responder. Não ouve meus questionamentos. E, pior, depois de eu levantar um ponto, apenas para ser vetada ou interrompida, outra pessoa retoma a questão dez minutos depois, sem sofrer interrupção, ficando com o crédito. Sei que todos vocês me respeitam porque só recebo feedback bom de meus resumos, e todos vocês me ouvem quando estamos conversando a sós. Não apenas isso. Muitos de vocês me procuram em busca de ajuda. Agora, preciso da ajuda de vocês. Preciso que me digam o que estou fazendo para criar tal situação. Estou aberta a feedback. Mas devo mudar a maneira como sou tratada por todos nesta sala.

Rostos ligeiramente atordoados olham de volta para ela. Surpreendentemente, apenas John, seu colega associado, cujo escárnio ela tanto temera, está olhando direto para ela com um olhar amigável. Todos os demais parecem chocados e desconfortáveis. Georgia começa a suspeitar de que cometeu um erro irreparável. Ela se lembra de que precisa oferecer alternativas.

— Também preciso estabelecer um sinal para lembrá-los de que estão interrompendo, e preciso que me dêem permissão para usá-lo.

A tensão se atenua. No entanto, há ainda mais silêncio. Dan, então, respira fundo e diz:

— Tudo bem, Georgia. Qual será?

Georgia e o grupo concordam que, quando interrompida, ela levantará a mão espalmada. Ela prossegue explicando que, daquela reunião em diante, pediria e esperaria que todos os envolvidos a deixassem terminar suas declarações. Assim, o grupo poderia tomar decisões com base na informação aprofundada que ela estivesse fornecendo, e ela obteria crédito por suas idéias.

As interrupções cessaram? Não inteiramente. Mas Georgia encontrou um modo de lidar com elas. Seu método sempre funcionava? Não e, nesse caso, ela teria de acenar, falando o mais alto que conseguisse: "Por favor, deixem-me terminar." O mais importante era que Georgia tinha dado um basta e se colocado em risco para defender sua posição. Com o tempo, percebeu que isso lhe angariou o respeito de seus associados e dos companheiros.

Tomar o partido de si mesma ainda teve outro benefício: o poder de Georgia em deter as interrupções e outros comportamentos impetuosos nas reuniões inspirou outras pessoas a também tomarem o partido de si mesmas. Com o tempo, a prática de permitir que os outros concluíssem seus pontos de vista tornou-se padrão. Enquanto as reuniões ainda eram freqüentemente estridentes e acaloradas, não havia mais apenas algumas vozes altas conduzindo as sessões de trabalho. Os novatos na empresa agora aprendem cedo a usar a mão e a maioria não tem idéia de onde isso veio: da bem respeitada sócia-júnior a quem todos chamam de Ensolarada.

### ■ O QUE GEORGIA FEZ? ■

1. Georgia reconheceu o que estava tolerando e como isso fez com que um limite fosse continuamente transposto.
2. Definiu a natureza exata do limite que era violado.
3. Utilizou as Três Perspectivas para caminhar por todos os ângulos necessários para ter uma idéia do todo e assumir a responsabilidade pela mudança da situação. Fez isso recusando-se colocar a culpa do problema nos outros e a desperdiçar tempo reclamando.
4. Ela admitiu seus limites. Pensou muito na estratégia e na preparação.
5. Praticou a linguagem que utilizaria e analisou alternativas para a situação que a estava enlouquecendo. Traçou um plano de contingência para si, de maneira que pudesse designar e reivindicar o que significava cruzar o limite. Dentro do plano de contingência, estava um pedido final de que o grupo concordasse com uma resposta aceitável.

O que você está esperando? Permissão?

Esqueça. Não há nada prestes a aparecer. Se você se sente como vítima em seus relacionamentos, busque o denominador comum em cada um deles. Se um limite é transposto, a única pessoa que pode consertar isso é você.

## UMA SOLUÇÃO NÃO-ORTODOXA: O NÃO-SUJEITO IMAGINÁRIO

As estrelas de cinema têm assistentes e guarda-costas para protegê-las da atenção e dos pedidos indesejados. Os CEOs e os altos executivos têm porteiros ou seguranças que verificam quem são as pessoas e livram-se delas. Estas são algumas das armas secretas dos ricos e famosos.

Conhecemos e amamos um influente autor e palestrante que tem uma necessidade tão forte de ser apreciado e fazer as pessoas se sentirem muito bem consigo mesmas a ponto de ser incapaz de dizer "não" para qualquer um, não importa qual seja o assunto. Isto se agrava com o fato de que sua curiosidade e sua criatividade representam grandes valores para ele. Existem poucas idéias, projetos ou pessoas que não o estimulem ou o inspirem.

Após vários anos experimentando tudo, tentando o exercício de imposição de limites repetidas vezes para obter êxito por curto espaço de tempo e depois retornar ao estado original, nosso amigo ainda sofria com a inabilidade de dizer "não", o que estava controlando e arruinando sua vida. Quanto mais bem-sucedido se tornava, mais era assaltado com pedidos aos quais infalivelmente dizia "sim"! Com o decorrer do tempo, a simples montanha de trabalho que prestava aos outros começou a causar grande dano: os colegas de profissão temiam por sua saúde. Suas assistentes administrativas eram atormentadas pelo trabalho em tempo integral de tentar livrar-se das pessoas e pedi-las para esperar. Finalmente, ele foi designado uma não-pessoa em tempo integral. O não-sujeito literalmente seguia nosso amigo e tinha uma conversa séria e inequívoca com a multidão de pessoas esperando em fila por auxílio para realizar seus projetos. Que alívio!

A maioria de nós não é tão popular a ponto de precisar de alguém para manter à distância multidões de fãs e necessitados. Mas o que aconteceria se você fingisse ter uma não-pessoa que o seguisse por toda parte e questionasse os seus compromissos? E se você tivesse um secretário particular que soubesse de todos os seus movimentos e levantasse uma das sobrancelhas quando você dissesse "sim", em vez de "talvez" ou "deixe-me pensar sobre isso"? O que seria diferente?

Nosso herói do começo deste capítulo, David, acabou inventando uma não-pessoa imaginária que se tornou o juiz da maneira como ele distribuía seu precioso tempo e seus recursos. Você pode fazer o mesmo. Faça de conta que há não-pessoas que lutam em seu nome. Você teria de discutir com essas não-pessoas cada nova atividade de que fosse encarregado. Elas o submeteriam a um interrogatório cerrado sobre a importância de tal atividade, como ela o conduzirá em direção a seu Objetivo Principal e que época do seu calendário você irá dedicar a ela. As não-pessoas lhe perguntariam sobre o custo de prometer o impossível no novo projeto e as conseqüências. Elas o doutrinariam a atender a todas as novidades (que não fossem exigência do trabalho) com "Obrigado por perguntar, mas deixe-me analisar antes de fazer qualquer promessa", de modo que você, de fato, pudesse se reservar um pouco de tempo e espaço para refletir de maneira apropriada. A sua não-pessoa imaginária será o antídoto para a sua personalidade servil já bem desenvolvida, o juiz imaginário que leva você a ser útil a todo mundo o tempo todo.

### *Exercício*: Limites

Esta atividade destina-se a ajudá-lo a:

1. Definir seus limites.
2. Expressar seus limites em palavras e dar-lhes prioridade.
3. Identificar obstáculos potenciais e superá-los.
4. Estabelecer limites.
5. Defender seus limites.

Comece com um dos limites e observe como ele altera sua qualidade de vida. Existem duas maneiras de fracassar com este exercício:

1. Tentar imediatamente estipular mais de um limite.
2. Parar quando a situação ficar amedrontadora.

### *Passo um*: Defina seus limites

Lembre-se de uma ocasião em que você tenha se sentido como se alguém tivesse ultrapassado um limite. Lembre-se de uma situação em que gostaria de ter levantado a voz ou ter sido claro a respeito de como preferiria ser tratado. O que aconteceu? O que você sentiu durante ou depois?

Que parte de seu corpo o ajudou a saber que não estava sendo tratado de acordo com seus limites? (Ficou com dor de cabeça, dor de estômago ou repentinamente notou sintomas de resfriado ou alergia?)

Quais foram seus pensamentos? O que disse a si mesmo? O que fez?

Que limite não-expressado foi violado? O que foi feito ou dito que especificamente chateou você? O que o manteve em silêncio?

Qual dos limites foi cruzado?

### *Passo dois*: **Expresse seus limites**

Complete as seguintes frases.

Quando me sinto verdadeiramente seguro e produtivo, as pessoas não me interrompem, xingam, usam linguagem chula ou me mandam calar a boca. (Liste pelo menos cinco itens.)

Sinto-me respeitado de verdade e percebo que as pessoas se importam comigo quando elas me deixam terminar a frase, perguntam-me como foi meu dia, como me sinto, o que acho. (Liste pelo menos cinco itens.)

Verifique as opções que lhe parecem limites que talvez queira estabelecer:

*Por favor, não me interrompa quando eu estiver ao telefone.*

*Por favor, não me ligue em casa a menos que eu tenha lhe pedido especificamente para fazê-lo.*

*Não atendo ao telefone durante o jantar ou após as dez da noite.*

*Não trabalho aos domingos.*

*Não trabalho após as dez da noite.*

*Por favor, não me deixe esperando por muito tempo.*

*Por favor, não grite comigo a menos que algo esteja em chamas.*

*Por favor, não me dê conselho a menos que eu peça.*

*Por favor, não espere que aja a seu modo.*

*Por favor, não tente me manipular. Diga-me apenas o que acha que eu preciso saber.*

*Por favor, não desencave ressentimentos antigos.*

*Por favor, não seja pessoal.*

*Ao me criticar, por favor, concentre-se no que o está incomodando ou no que precisa ser mudado, e não em tudo que está errado comigo.*

*Por favor, não teça comentários sobre a minha aparência.*

*Por favor, deixe-me terminar.*

*Por favor, permita-me expressar plenamente minha idéia antes de contestá-la.*

*Por favor, mantenha uma distância física razoável entre nós.*

*Preciso que você me ouça sem interromper.*

*Por favor, não me toque.*

*Por favor, não me abrace.*

*Por favor, permita-me dizer "não" se for necessário.*

Anote os seus.

*Lembre-se:* Uma vez que você tenha articulado um limite de maneira bem clara em sua cabeça, ele será freqüentemente respeitado. As outras pessoas geralmente sentem quando existe um limite e agem de acordo. Você deu o primeiro passo: a definição de seus limites.

### *Passo três:* Priorize

Escolha um dos limites que deseja estabelecer e discuta com uma pessoa que possa transformar significativamente uma situação para melhor.

### *Passo quatro:* Remova obstáculos auto-impostos

Você tem o direito fundamental de ser tratado com respeito. Freqüentemente, os outros se comportarão em relação a você da maneira como se sentem confortáveis ou exatamente do modo como sentem vontade de lidar com você no momento. Muitas vezes, nada é pessoal — as pessoas simplesmente precisam estar informadas sobre suas expectativas. Você deve acreditar que é de seu maior interesse profissional ser tratado com respeito.

Pense sobre o seguinte:

- Como limites claros irão ajudá-lo?
- Como seus limites ajudarão os outros?
- Como você se lembrará disso quando alguém ultrapassar seus limites?
- O que impede você de expressar seus limites?

Escolha algumas das razões a seguir e acrescente as suas:

- Você não acha positivo ter limites — isso pode fazê-lo parecer inflexível ou alguém que requer muita atenção.
- Você teme ser punido. (Por exemplo, se disser ao seu supervisor tirano que ele não pode gritar com você, você será despedido.)
- Você não tem a linguagem adequada; não sabe como impor limites sem parecer carente, resmungão ou insensível.

Embora estabelecer limites seja algo desafiador, o custo de não estabelecê-los pode ser a perda de um relacionamento. Quase sempre, os outros prefeririam ouvir o que o incomoda e fazer pequenas mudanças em seu comportamento a sentir você se afastar sem nunca saber por quê.

O que o impede de estabelecer um limite?

Que mudança mental você provocará para superar esse obstáculo?

A quem você pode pedir ajuda?

O que sua não-pessoa imaginária diria ou faria?

### *Passo cinco*: **Pratique a linguagem**

Freqüentemente, não conseguimos estabelecer e manter nossos limites porque não temos a linguagem adequada para discuti-los.

Conhecemos pessoas que são realmente boas em estabelecer e comunicar seus objetivos de maneira clara, sem afastar os outros. Todo mundo sabe exatamente como tratá-las e assim o fazem. Como elas expressam seus limites?

Retorne ao limite que escolheu no Passo três. Escolha um momento para ter uma conversa com essa pessoa e pratique de antemão o que você dirá.
Quando isso vai acontecer?
O que você dirá?

*(Pratique com um amigo primeiro. Lembre-se de que o simples fato de externar o problema já ajuda.)*

### *Passo seis:* **Tenha a conversa difícil**

Assim que a conversa acontecer, reveja a cena para passar a aplicar o que aprendeu. Um aspecto a se observar é que, por mais que possa ter sido desconfortável, não se derramou sangue. Todo mundo continuou vivo.

*Como foi?*
*O que saiu bem?*
*O que não saiu bem?*
*O que você fará novamente?*
*O que você fará diferente?*
*O que aprendeu?*
*O que a pessoa com quem falou aprendeu sobre você? E sobre ela mesma?*

### *Passo sete:* **Admita seus limites**

Monitorar seus limites e manter o compromisso consigo mesmo é tão difícil quanto manter o peso após uma dieta. Os velhos hábitos custam a desaparecer e comportamentos antigos retornam furtivamente sob o estado de estresse. Para travar uma batalha justa, pense sobre o seguinte:

■ Como você saberá quando seus limites forem ultrapassados?
■ O que lhe permitirá uma pausa para que pense *Humm... isso poderia ser uma questão de limite?*
■ O que possibilitará que você pare e discuta seus limites com os outros antes de a situação piorar e os relacionamentos serem afetados?
■ Como você reconhecerá a hora de tomar a iniciativa e expressar sua opinião?

## Pensamentos finais sobre os limites

Nós tornamos tudo bastante simples, mas sabemos que não é assim, e que existem diversos aspectos complicadores. Não podemos dizer quais serão os seus, mas sabemos que você terá pelo menos um, porque você é uma pessoa complicada, num mundo complicado. Este é o constante "mas" que ouvimos de nossos clientes.

*"Mas você não compreende como esta pessoa é idiota."*

*"Mas você não compreende o quanto é importante para mim ser agradável."*

*"Mas você não compreende que meu chefe me demitirá/minha assistente me odiará/meu amigo ficará mortalmente ferido..."*

*"Mas..."*

*"Mas..."*

*"Mas..."*

E eis a questão. Você está certo. É por isso que você ainda não impôs seus limites. E a pergunta permanece: O que tem a perder? Realmente?

- Saber quando e como estabelecer limites de forma apropriada diminuirá radicalmente seu nível de estresse.
- Estabelecer limites pode ser desconfortável a princípio.
- Estabelecer limites positivos pode se tornar um hábito. As pessoas mais inteligentes e mais bem adaptadas podem ainda manter um upgrade em seus limites.

# CAPÍTULO DEZ

# Elimine suas tolerâncias

*O que você está tolerando?*

Tolerâncias são pequeninas coisas aparentemente inconseqüentes que consomem sua energia. Thomas Leonard, pioneiro no ramo de coaching, cunhou o termo para descrever todos os pequenos aspectos que ocupam espaço mental e nos distraem da tarefa a ser feita. As tolerâncias têm o poder de se acumular tal como as cracas no casco de um navio. Algumas não representam problema, mas várias camadas delas atrapalham a velocidade e a navegabilidade da embarcação. O que começa como uma mancha que mal se nota lentamente se torna um problema perturbador que, com o tempo, se transforma em um grande empecilho, minando a produtividade e a felicidade. A maioria das pessoas que se convenceram de serem desorganizadas ou irresponsáveis está simplesmente vivendo e tolerando probleminhas demais.

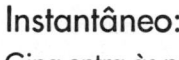 ## Instantâneo:

Gina entra às pressas no escritório, mais uma vez atrasada por causa do elevador lento. Como é possível, ela se pergunta, que um prédio tão grande tenha elevadores tão lentos? Como engenheira, ela conhece bem a resposta: não são os elevadores, é o volume de tráfego. Ao correr para atender ao telefone para a teleconferência das 8h30, ela quase tropeçou numa pilha de livros. (Você leu todos eles?, um amigo perguntou recentemente ao lhe fazer uma visita. A resposta foi positiva.) Ajeitando seus novos e elegantes óculos, enquanto, com um sopro, tirava do rosto alguns fios perdidos de cabelo preto encaracolado, ela se joga na cadeira, que solta o seu característico guincho alto.

— O que foi isso? — pergunta seu novo cliente em potencial.

— Ah, minha cadeira do escritório faz um barulho muito estranho — Gina explica com um risinho desanimado.

O eventual cliente solta um riso fraco, obviamente não muito divertido, e Gina faz mais uma anotação mental para levar um pouco de WD-40 para o escritório no dia seguinte.

Ao terminar a ligação, nota um cheiro ligeiramente azedo e descobre que, mais uma vez, o serviço de limpeza esqueceu de dar fim às tulipas mortas na mesinha de centro.

— Não consigo acreditar! Preciso fazer o serviço para eles? Será que não percebem? O que essas pessoas fazem? — ela pergunta alto.

Adora flores, mas as mortas apenas fazem-na lembrar de sua constante irritação com o pessoal da limpeza do prédio.

O cliente potencial disse que lhe enviaria um pacote durante a noite. Imediatamente após terminada a ligação, Gina se lembra de que ele precisará de um código especial no pacote da FedEx, por causa dos novos procedimentos de expedição da empresa. Pega o telefone para ligar de volta para seu possível cliente e percebe que o número está em seu organizador eletrônico, cujas baterias acabaram.

O telefone toca indicando que há uma chamada. A campainha está alta demais, Gina pensa pela enésima vez: Tenho de arrumar um telefone novo com uma campainha que não me enlouqueça.

Deixa a chamada cair no correio de voz, fazendo uma anotação mental de pegá-la mais tarde, porque a luzinha que indica que ela tem mensagens queimou há muito tempo. Seu celular toca e ela silencia a campainha quando vê que é sua prima Marcy, provavelmente ligando novamente para conversar sobre seu casamento que se aproxima. Gina deu várias deixas precisas de que conversar no horário de trabalho é difícil, mas Marcy não captou a mensagem.

Gina fez MBA em Stanford, com grau avançado em engenharia, é conhecida por seus colegas como alguém tão criativa quanto brilhante e reconhecida como umas das maiores especialistas em sua área. No entanto, tudo em que ela consegue pensar naquele momento é: "Se alguém soubesse que desastre eu sou, não me contrataria." São apenas 8h45 da manhã e ela já está se sentindo incomodada, chateada e exausta. Está na hora de despertar e farejar as tolerâncias.

Talvez você diga que Gina possui uma tendência para um ambiente esteticamente agradável que não está sendo satisfeita, uma necessidade de que tudo seja bem planejado, ou que ela precisa estabelecer um limite claro com sua prima Marcy. Você teria razão. Na verdade, reconhecer o que você está tolerando lhe dá a informação de que necessita para compreender que Ponto de Alavancagem aplicar para eliminar o problema. Este capítulo vai ajudá-lo a olhar do todo para os mínimos detalhes, a fim de lhe revelar quais comportamentos estão atrapalhando você a se tornar o melhor possível. E agora é a sua chance de se livrar deles. Um navio com muitas cracas requer combustível mais caro para chegar ao porto, mas não existe quantidade de "combustível" que possa ajudar você a superar suas tolerâncias. Elas devem ser eliminadas para que você retome o foco e toda a energia de que necessita para avançar em direção ao seu Objetivo Principal.

Os detalhes, por mais triviais que possam parecer, se acumulam de tal maneira que ocupam espaço e tempo demais em seu precioso cérebro. Um dos exemplos mais famosos de uma pequena, porém exasperadora tolerância, é encontrado no clássico filme *A Felicidade Não se Compra*. Jimmy Stewart constantemente agarra o pilar na parte inferior da escada de sua casa e a parte de cima solta em suas mãos. Ele é apenas ligeiramente distraído por isso na primeira vez em que vemos o incidente acontecer; no entanto, à medida que as coisas saem erradas e os fatores estressantes aumentam, ele fica cada vez mais aborrecido. No final, entra num estado de fúria completamente irracional, quando a parte superior do pilar solta mais uma vez.

Todos podemos nos reconhecer nessa série de acontecimentos. Quando o personagem retorna de sua aventura de ver o que o mundo teria se tornado sem ele, a parte de cima do pilar solta *mais uma vez* em suas mãos, e ele a beija, em reconhecimento de que os pequenos problemas nada são quando comparados a tudo de bom e maravilhoso em sua vida. Não por acaso esse é um dos filmes mais populares de todos os tempos; todos nós podemos fazer uso do lembrete. Mas, se você pode transformar uma tolerância em algo que o faça lembrar de quanta sorte tem, é um ser humano verdadeiramente raro. O restante de nós terá de pegar a caixa de ferramentas e martelar a maldita parte de cima do pilar após já ter colocado lá um pouco de cola.

Encontremos algumas de suas tolerâncias. Não há nada como enxergar suas dificuldades para expressar o ponto de vista de que as tolerâncias são algo a ser revisto regularmente.

Anote o maior número de tolerâncias em que puder pensar, o mais rápido que puder. Reúna pelo menos umas 25 delas. Pense em tudo que você está tolerando na vida, seja grande e pequeno. Por exemplo: espelhos anti-embaçantes que embaçam, o buraco no bolso do seu jeans favorito, os sete controles remotos em sua mesinha de centro junto com a confusão que eles causam (tevê, vídeo cassete, DVD, estéreo, televisão a cabo), a pessoa em sua casa que põe as embalagens de leite vazias na geladeira (ou deixa a cheia sobre a mesa, para azedar). Os telefonemas que você recebe na hora do jantar, o trânsito para ir e voltar do trabalho, a lâmpada queimada da garagem, o mau hálito do colega, os colegas de trabalho que ouvem suas mensagens no viva-voz, ligações de celular que caem, problemas tecnológicos de qualquer tipo — qualquer detalhe que o incomode o mínimo possível, qualquer coisa que o aborreça repetidamente. Freqüentemente, tais situações não são importantes o bastante para ser verdadeiros incômodos ou não são suficientemente medonhas para exigir sua atenção imediata, mas incomodam você de algum modo. Tudo bem. Comece a escrever as suas tolerâncias!

Quantos ítens você relacionou? Que tipos de tolerâncias deixou de lado? Quando a maioria das pessoas faz isso pela primeira vez, geralmente há surpresas. O que é uma surpresa para você? Como essa lista o faz se sentir? Você está simplesmente interessado, ligeiramente chateado ou sente-se como se tivesse sido atingido por um caminhão? Está aliviado por nada realmente importante ter surgido? Existe algo na lista que o deixe preocupado? O primeiro passo para lidar com as tolerâncias é identificá-las — então, a boa notícia é que você já deu início ao trabalho. Perto do final deste capítulo, nós o levaremos a um exercício mais detalhado para ajudá-lo a lidar com suas tolerâncias de uma vez por todas — pelo menos por ora.

## ■ EM PRIMEIRO LUGAR, POR QUE TEMOS TOLERÂNCIAS? ■

*E*spere aí, você pode estar pensando que é *um adulto perfeitamente normal; que isso é elementar demais para você.* Nem tanto. Pense nas tolerâncias desse modo: se você tivesse de carregar uma bola de gude em seu bolso o dia todo, provavelmente isso não representaria um problema. Na verdade, cinco ou seis bolas de gude causariam apenas uma ligeira inconveniência. No entanto, muito mais bolinhas seriam uma perturbação constante, que poderia, no final, enlouquecê-lo. O mesmo ocorre com as tolerâncias. Algumas delas não são significativas, mas um monte de tolerâncias se nota. Possuir um número considerável de tolerâncias reduzirá muito sua qualidade de vida. Não há distinção de quem pode ser afetado. Mesmo pessoas bem adaptadas e extremamente bem-sucedidas possuem tolerâncias, freqüentemente muitas. Por quê? Acumulamos tolerâncias pelas seguintes razões:

1. **Desejamos manter uma boa atitude.** Não reconhecemos que as temos ou o quanto nos incomodam. Admitir o que estamos tolerando muitas vezes pode dar a impressão de lamento ou reclamação.

    Uma de nossas maiores objeções quanto à lista de tolerâncias é: "Por que enfocar o negativo? Pensei que deveria me concentrar no positivo." Ponto válido. Não estamos pedindo que você se estenda nos pontos negativos. Estamos simplesmente pedindo que se concentre no que é *verdadeiro* para você. Dizer a verdade sobre a realidade não é negativo. É bom senso. Ater-se às tolerâncias e reclamar delas sem começar a agir seria negativo. Se permitirmos que as tolerâncias passem despercebidas, elas se multiplicarão como cogumelos após uma tempestade. Mas também como cogumelos, elas não sobrevivem à luz intensa. Falar a verdade sobre o que o incomoda não é reclamar; é expor aflições legítimas à luz intensa.

2. **É difícil demais livrar-se delas.** Sentimos que vai levar tempo demais, será inconveniente ou custará caro eliminar as tolerâncias. A necessidade de cuidar de suas tolerâncias é uma constante, como manter seu preparo físico ou cuidar do próximo, por isso tememos que, ao tomar esta estrada, ela nunca termine. Isso, de fato, é verdade. Como a aptidão física, manter uma vida livre de tolerâncias representa um *estilo de vida*, uma série de escolhas ativas e comprometidas. O resultado dessas escolhas consistentes é muito mais energia para utilizar no que é importante para você. Em vez de se concentrar em quanto lhe custa livrar-se de suas tolerâncias, você precisa considerar o custo no longo prazo de não cuidar delas.

3. **Não sabemos como nos livrar delas.** Às vezes, uma tolerância é tão grande, ou tão esmagadora, que não conseguimos imaginar como nos livraremos dela. Então, resignamo-nos a seguir em frente e, em vez de tentarmos nos libertar, passamos a viver com ela. A postura de suportar a dor pode ajudá-lo no curto prazo, mas é uma atitude difícil de se manter indefinidamente.

4. **Sentimos que não merecemos nos reportar ao que estamos tolerando ou que não vale a pena gastar conosco o dinheiro necessário.** Achamos que deveríamos ser mais altruístas, mais caridosos e menos exigentes. Isto está ligado à Primeira Perspectiva — como você se vê — e à histó-

ria que você conta para si sobre o que merece e o que não merece. Mas não estamos aqui falando de satisfazer seu desejo de comprar um carro esporte de 100 mil dólares. Estamos falando de detalhes pequenos, porém substanciais, que importam — como ter o banquinho correto em seu banheiro, para que possa sentar-se para calçar os tênis, ou ter uma caneca de café que se encaixe no suporte de caneca do seu carro, para quando for trabalhar de manhã. Algumas dessas coisas lhe parecem familiares? Muitas tolerâncias não custam necessariamente muito dinheiro para serem resolvidas, mas exigem que você decida empregar um pouco de foco, tempo e energia em cuidar de si. Mais uma vez, a palavra *egoísta* mostra sua casca feia. É verdade. Para estar em sua melhor forma, você deve escolher ser um pouco egoísta.

Olhe para cada um dos itens em sua lista de tolerâncias. Por que você não cuidou deles? Não são responsabilidade sua? Talvez ache que deveriam ser tratados por seu chefe/colega/cônjuge/filho/empregado? Você sabe a quem recorrer para resolver o problema? Alguns dos itens são básicos demais para se lidar com eles? Alguns são complicados demais para você ocupar-se deles sozinho? Existe uma tolerância tão expressiva que você não suporte em absoluto pensar nela? Você percebe algum padrão?

As tolerâncias existem por muitas razões diferentes, e nos chegam de muitas formas diferentes. Algumas são apenas a contrapartida de suas ações, conseqüências da vida. Essas tolerâncias devem ser cuidadas ocasionalmente com a máxima compreensão de que elas retornarão mais dia menos dia, como as ervas daninhas em seu jardim ou a sujeira debaixo da cama. A maioria delas tem a ver com conservar todas as coisas em nossas vidas, especialmente aquelas com "partes móveis". Descobrimos que muitas pessoas beneficiam-se enormemente ao reservar uma noite até tarde no escritório, ou um dia de férias, que utilizam para cuidar das tolerâncias que se acumularam.

Algumas tolerâncias têm a ver com grandes questões em seu ambiente. Por exemplo, temos um amigo, Mark, que se mudou de casa após divorciar-se. Era uma casa mais antiga e de menor qualidade do que aquela em que vivia quando casado. A casa tinha vários problemas que demandavam tole-

râncias, detalhes pequenos e grandes que precisavam ser consertados e subs-
tituídos. Como esse lugar significava um descanso após o trauma de viver
numa casa cheia de conflitos, ele tinha a impressão de que seria um porto
seguro, seu espaço pessoal, e que os pequenos problemas da casa fariam
parte de seu encanto.

No entanto, após 18 meses, Mark começou a notar aqueles problemas.
Percebeu que morava numa pocilga. Um dia, a máquina de lavar pratos
quebrou e Mark praguejou. Ele está agora no meio de uma reforma geral, e
vive bastante satisfeito. Lida com empreiteiros que raramente aparecem
quando dizem que o farão, mas está feliz.

Mark está surpreso com a energia que encontra em encarregar-se de suas
tolerâncias, mas nós não estamos. As tolerâncias têm um aspecto mágico e,
quando nós as reconhecemos e cuidamos delas, nossa qualidade de vida
aumenta instantaneamente. Não está claro por que ganhamos energia ao cuidar delas, mesmo as menores, mas isso acontece. Ao longo dos anos, recebemos muitíssimos telefonemas de pessoas que perceberam um benefício enorme em cuidar dos detalhes, principalmente no que se refere a elas mesmas.

## ■ AS TOLERÂNCIAS NOS RELACIONAMENTOS ■

Os relacionamentos são dinâmicos e, ao longo do tempo, também
comportam tolerâncias. Quando temos de tolerar algumas situações
em nossos relacionamentos, isso geralmente significa que um limite está
sendo violado, um padrão não está sendo satisfeito ou nos permitimos estabelecer uma relação com alguém cujos valores são incompatíveis com os
nossos. Obviamente, lidar com tolerâncias exige mais cuidado e consideração do que trocar a lâmpada da varanda, mas o conceito permanece o mesmo. Tais tolerâncias ocorrem porque não cuidamos de imediato daquilo
que nos incomoda — grande parte das vezes, um limite que foi ultrapassado —, e isso permite que as irritações se acumulem com o tempo, ocasio-
nando problemas mais profundos. Quando não conseguimos cuidar das
tolerâncias em nossas relações, o ressentimento certamente aumentará — e,

como observamos no capítulo anterior, o ressentimento sempre fere um relacionamento. Uma vez que reconheçamos que nos ressentimos de outra pessoa, temos de encontrar um modo de libertar a mágoa que estamos carregando, bem como de encontrar caminhos para lidar com a atitude e o comportamento que estamos tolerando.

Quando as tolerâncias atingem um ponto crítico, precisamos fazer uma escolha: temos de investir no resgate do relacionamento ou terminá-lo. Podemos provocar o amadurecimento de nossos relacionamentos e depois reinventá-los ou simplesmente darmos fim a eles. Às vezes, as pessoas em nossas vidas não podem ou não nos ajudarão a fazer o que devemos para alcançar nosso Objetivo Principal. Parece duro, mas eliminar pessoas que o exaurem ou que não o apóiam causará um impacto tão positivo em sua qualidade de vida que você nem pode imaginar.

## Instantâneo:

Sara tem uma vida ocupada e complicada. Há 15 anos é presidente de uma empresa de projetos arquitetônicos que fundou com um pequeno grupo de colegas. Desde a fundação, a empresa saltou de um pequeno sistema de operação com dez empregados para uma companhia de mais de 250 empregados, reconhecida em todo o território americano. Além de sua carreira, ela e o marido, John, que também é projetista sênior da firma, criam dois filhos e têm um relacionamento admirado pelo círculo de amigos.

Como ela fez isso? Sara tem uma arma secreta há 15 anos — sua assistente familiar e gerente do lar, Nancy. Sara tem conseguido concentrar-se em seu negócio, ser uma excelente mãe e ter um casamento bem-sucedido em grande parte porque Nancy toma conta dos detalhes em casa. Os clientes vêm para o jantar? Não tem problema. Nancy vai providenciar. A mãe de John vai ficar um mês de visita? Não tem problema. Nancy a ajudará a locomover-se pela cidade e tomará conta dos detalhes de sua estada, até mesmo organizando uma ida semanal ao cabeleireiro local. O triturador de lixo está nas últimas? Não tem problema. Nancy está lá para esperar o técnico consertar.

Sara contratou Nancy para cuidar dela, especialmente na eliminação de tolerâncias e na administração dos inúmeros detalhes de uma família que prospera. Então, qual é a tolerância de Sara? Infelizmente, é a própria Nancy. De repente (foi?), Nancy se tornou uma fonte de estresse. Ela sempre teve modos estranhos, pequenas idiossincrasias, tais como um jeito ligeiramente rígido de ocupar-se das coisas. Escapava-lhe um ou outro detalhe ou ela ficava melin drada quando alguém completava uma tarefa que ela começara de um jeito e que não estava de acordo com o seu padrão. Todo mundo aceitava esses costumes diferentes com um "só podia ser a Nancy". Afinal de contas, ela é humana. Sara conseguiu fazer vista grossa para esses detalhes porque Nancy era confiável, honesta e, principalmente, cuidava da família.

Sara, um dia, percebeu que o relacionamento com Nancy tinha azedado e que o estava tolerando. A lista de pontos negativos tinha crescido a tal ponto que havia excedido os positivos e, recentemente, Sara achava cada vez mais difícil questionar Nancy sobre o que não estava funcionando. Por vários anos, existiu uma química entre elas — lidar com os problemas era fácil e não havia confrontos. Agora, de algum modo, tudo tinha mudado, e Nancy estava cada vez mais defensiva e hostil. Sara achou que estava evitando Nancy, provocando uma confusão cada vez maior na comunicação. Sara tinha um problema nas mãos — precisava colocar o bom relacionamento de volta nos trilhos ou encontrar uma substituta.

Após várias tentativas de questionar Nancy e restabelecer as expectativas, ficou claro que não adiantava tentar resgatar a relação. Assim que chegou a tal conclusão, o nível de estresse de Sara foi às nuvens. Nancy estava com ela há 15 anos, desde quando as crianças aprenderam a andar. Como ela podia dispensá-la? Não só Nancy conhecia cada detalhe da casa, como também era um membro da família, os filhos a adoravam, até mesmo os vizinhos a amavam.

Levou algumas semanas até Sara e seu marido decidirem como e quando pedir a Nancy para ir embora. Quando chegou a hora da partida, foi exatamente tão doloroso quanto eles haviam pensado, de revirar o estômago de verdade, e, no entanto, valeu a pena. Agora, todos os dias, quando Sara entra em casa após uma longa jornada de trabalho, está feliz e em paz. Sua nova assistente, Jennifer, toma conta de tudo de maneira perfeita e é um doce de se lidar.

À s vezes, você tem de aprimorar seus relacionamentos e cercar-se proativamente de pessoas que o ajudarão a atingir o tipo de vida que deseja, em vez de impedirem seu progresso. Uma das lições essenciais do coaching é a de que você tem escolhas; você pode optar pelo que irá tolerar ou não. Pode parecer impiedoso, mas você pode escolher quem incluirá ou não em sua vida.

## ■ RETOMANDO O CONTROLE ■

U ma de nossas histórias favoritas é sobre o pai de Scott, Ken Blanchard. Alguns anos atrás, Scott conseguiu que seu pai trabalhasse com um coach para ajudá-lo a lidar com algumas questões que enfrentava continuamente — principalmente centradas no custo pessoal de ter exigências demais em sua vida. Havia sempre tanto a fazer — lugares onde estar, pessoas demais para ver.

Algumas semanas após Ken ter começado a trabalhar com seu coach, algo muito engraçado ocorreu. Durante o intervalo de uma importante reunião dos diretores da empresa, Ken arrastou Scott e alguns membros da diretoria para o carro. Queria mostrar-lhes algo extraordinário. Ken abriu o porta-malas e, sorrindo de orelha a orelha, mostrou a todo mundo que o limpara pela primeira vez em vários anos. Ken sempre fora um líder, autor e palestrante incrivelmente criativo, embora não muito arrumado e organizado. Era um colecionador de quinquilharias e seu lendário gabinete bagunçado era abarrotado com umas das maiores coleções de pilhas de papel, todos importantes, que alguém jamais vira.

Ken estava entusiasmado porque tinha identificado e eliminado uma tolerância: seu porta-malas bagunçado. Era o começo. Durante alguns meses seguintes, Ken passou de "limpar as tolerâncias" para lidar com algumas das questões maiores de sua vida, tais como ser compromissado demais e sobrecarregado demais. Perdeu cerca de 23 quilos, formou um grupo de empregados mais eficazes, com a disciplina necessária para protegê-lo dos compromissos excessivos, e começou a dizer não, sem culpa.

### ■ NEM TUDO PODE SER CONSERTADO ■

E xistem tolerâncias que não podem ser evitadas. Todos temos de lidar com uma certa quantidade de infortúnios ou inconveniências; ninguém está isento disso. Tolerâncias extremamente difíceis são o que pode restar de uma vida sobre a qual simplesmente não temos controle — um ente querido que está doente e exige de nós muito tempo e muita energia, uma certa quantidade de barulho nas ruas da cidade, o tráfego.

Mas até mesmo as tolerâncias que não conseguimos eliminar podem ser administradas de maneira mais eficaz. Estarmos presos a algum detalhe não significa que não possamos encontrar um modo de tirar o melhor proveito dele.

Tolerâncias intratáveis são freqüentemente causadas porque escolhemos satisfazer alguma necessidade — como obrigação — ou fazer algo que esteja perfeitamente de acordo com os nossos valores — como cuidar dos outros. Isto acontece com bastante freqüência em nossa vida pessoal e geralmente resulta de escolhermos nos sacrificar em nome de outra pessoa. A palavra importante é *escolha* — você sempre tem escolhas —, mesmo quando, às vezes, não pareça ter. Um exemplo disso é uma mulher que não consegue suportar a bagunça do velho e amado cachorro do noivo na casa que eles dividem. Aceita o cachorro porque ama seu futuro esposo, mas isso não significa que eles não possam chegar a alguns acordos sobre como lidar com a situação.

O segredo das tolerâncias aparentemente intratáveis é decompô-las nos menores componentes possíveis e ver o que pode ser feito com os pequenos pedaços. Feito isso, é possível questionar suposições sobre ter de aceitar a situação exatamente como ela é. Por exemplo, embora possa ser verdade que o cachorro deve ser amado e cuidado, não há lei estabelecendo que ele pode correr livremente pela casa. Talvez seu acesso possa ser limitado a apenas certas partes da casa, designadas como áreas de cachorro.

Se você é o tipo de pessoa que se zanga com o trânsito com o qual tem de lidar onde vive, saiba: você não pode mudar isso. Mas pode mudar sua reação: pode sair mais cedo, programar reuniões pelo telefone para fazer bom uso do tempo, ouvir música e colocar a leitura em dia ou até mesmo aprender uma nova língua! Existem algumas situações que não podemos evitar, mas sempre podemos mudar nossa atitude.

## ■ O EXERCÍCIO DAS TOLERÂNCIAS ■

L ivre-se de suas tolerâncias de uma vez por todas.
No começo deste capítulo, você criou uma lista breve de suas tolerâncias. No exercício a seguir, nós nos aprofundaremos em suas tolerâncias e desenvolveremos ações concretas que você poderá adotar de imediato para aumentar radicalmente sua qualidade de vida. O maravilhoso em listar suas tolerâncias é que algumas delas cuidarão de si no instante em que você as afastar.

Use este exercício:

1. Quando os indicativos mostram que você está tolerando muitos detalhezinhos e está perdendo energia.

GARANTIA DO COACH: Manter sua lista de tolerâncias clara e sucinta aumenta inevitavelmente sua qualidade de vida.

2. Quando tudo de importante em sua vida vai extremamente bem (relacionamentos, carreira), mas você se sente mal-humorado e irritado.
3. Toda primavera para uma "limpeza de primavera", caso ache necessário.

## Identificação das tolerâncias

Percorra as diferentes áreas de sua vida e use esta lista para exercitar suas idéias a respeito do que o incomoda.

### Escritório

— Computador com defeito ou lento
— Pilhas de documentos não-arquiva-dos
— Caixa de correio transbordando
— Correio de voz sem fim e sem sentido
— Assistente truculento
— Assistente impreciso e ineficiente
— Carência de espaço adequado e tempo para refletir.
Anote as suas.

### Casa

— Porta rangendo
— Porta de tela que bate
— Torneiras pingando
— Casa suja ou desarrumada
— Inabilidade para encontrar as coisas
— Lâmpadas queimadas
Anote as suas.

### Carro

— Apresenta problemas freqüentes
— Cheira mal
— Parece a segunda sala de jogos dos meus filhos
— Parece uma cozinha
— Parece o meu escritório
— O telefone do carro tem um serviço de cobertura ruim ou bateria fraca.
Anote as suas.

## Relacionamentos

— Amigos ou parentes que repreendem, criticam ou julgam
  constantemente
— Amigos ou parentes que se atrasam e não telefonam
— Pessoas que não dão valor a você
— Pessoas que esperam determinadas coisas
— Pessoas que manipulam
— Aqueles que não conseguem pedir perdão mesmo quando
  você sabe que elas sabem que estão erradas
Anote as suas.

## Guarda-roupa

— Nunca tenho a coisa certa à mão
— Odeio as minhas roupas
— Os sapatos precisam de salto novo
— Não tenho sapatos, as meias, as
  meias-calças corretas para a
  vestimenta
— Esquecer de pegar a roupa lavada a
  seco
— As roupas não cabem mais
Anote as suas.

## Variados

— Viagem
— Animais de estimação
— Maus profissionais
— Serviço ruim
Anote as suas.

## ■ TRIAGEM E ORGANIZAÇÃO ■

1. Coloque um asterisco ao lado das tolerâncias que você pode eliminar sozinho.

2. Coloque um "D" ao lado das tolerâncias que você pode pedir a uma outra pessoa para ocupar-se. (Estas, depois, são transferidas para a caixa de itens "delegados".)

3. Colocar um "P" ao lado das tolerâncias que você possa pagar a alguém para se ocupar. Não leve em conta se não tiver o dinheiro.
4. Coloque um "E" ao lado das tolerâncias que você possa simplesmente eliminar.
5. Coloque um "SS" ao lado das tolerâncias que pareçam incorrigíveis e não se encaixem em nenhuma outra categoria. Este é o lugar onde você põe os itens que você acredita serem absolutamente sem solução e com os quais você está resignado a conviver.

■ IDENTIFICAÇÃO DE PROBLEMAS E PLANEJAMENTO DE AÇÕES ■

| Pessoa delegada | | |
|---|---|---|
| A quem você pediria para ajudá-lo com isso? Como você os incentivará a ajudá-lo? Como você pode ter certeza de que será feito? Como você acompanhará? Até que data você terá isto solucionado? | | |
| Itens | Ações: Quem? O quê? Como? | Até quando?/*Follow-up* |
| | | |
| | | |
| | | |
| | | |
| | | |

## ■ PAGAR A ALGUÉM ■

Pagar por ajuda não é algo a que todos podem se dar o luxo. Uma das razões para isso é que, quando fazem seus orçamentos, as pessoas não planejam que algo possa se quebrar ou deteriorar. Planejar os custos de manutenção de qualquer coisa que você possua exige certo tipo de temperamento ou grau de maturidade de sua parte. Se este for o seu caso, o maior favor que você pode fazer a si próprio é dar início a um fundo destinado a custear tolerâncias e começar a reservar 5% de sua renda para os pequenos detalhes. Isto pode significar abdicar de uma televisão nova e bonita, ou de algumas saídas à noite, mas cuidar de suas tolerâncias é algo que você precisa fazer para melhorar sua qualidade de vida, e isto deve ser posto à frente de tudo o que você deseja.

Algumas pessoas simplesmente vivem no limite financeiro, o que significa que têm de ser criativas além da conta para lidar com suas tolerâncias. Se este for o caso, pense na possibilidade de fazer uma troca com alguém que possa ajudá-lo.

1. Se tiver renda suficiente para cobrir os gastos, analise os itens a seguir; se não tiver, salte para o item 2.
    - O que o impede de resolver o problema? (Ex.: Preciso que alguém vá até minha casa e estou sempre no trabalho.)
    - Que passos você precisa dar para remover o obstáculo? (Ex.: Estabelecer uma data, dois meses adiante, quando terei um dia de férias para ficar em casa e, então, lidar com todos os profissionais que lá irão cuidar dos problemas domésticos.)
    - Isso o incomoda?
    - De que tipo de profissional você precisa?
    - O que você precisa fazer para encontrar o tipo certo de profissional?
    - Até que data você terá feito a pesquisa? Contratado a pessoa certa? Terminado o serviço?

2. Se o dinheiro estiver apertado demais para contratar alguém, analise isso.

- ■ Quem você conhece com a especialização de que precisa e que poderia ajudá-lo?
- ■ Você pode trocar ou negociar serviços com essa pessoa?

*Ou* — fazer uma pequena lista de tolerâncias com uma estimativa de qual seria o custo de lidar com elas, e pedir a amigos e parentes para presenteá-lo, resolvendo o problema, em lugar dos presentes tradicionais das datas festivas.

*Ou* — dar início a um fundo de tolerâncias e lentamente economizar para ter o dinheiro para resolver os problemas.

| Itens | Ações: Quem? O quê? Como? | Até quando?/*Follow-up* |
|-------|---------------------------|-------------------------|
|       |                           |                         |
|       |                           |                         |
|       |                           |                         |
|       |                           |                         |
|       |                           |                         |

| Eliminar — Criar Espaço e Liberdade | | |
|---|---|---|
| Qual é o custo para você de não solucionar isso? (Como isso consome sua energia?) Representa um escoadouro de energia para você? Quanta energia você teria liberado se não estivesse sendo exaurida? O que você faria com tal energia? | | |
| **Itens** | **Ações: Quem? O quê? Como?** | **Até quando?/Follow-up** |
| | | |
| | | |
| | | |
| | | |
| | | |

Lembre-se de que as tolerâncias fazem parte da vida. Elas se acumulam naturalmente com o tempo e devem receber cuidados regulares. O poder das tolerâncias advém de seu acúmulo e de sua subseqüente remoção. Às vezes, o melhor a fazer para o seu estado de espírito é, literalmente, trocar a lâmpada do corredor, limpar sua gaveta de arquivos ou consertar a bainha de sua calça favorita. Lidar com as tolerâncias conduz a um jeito mágico de motivá-lo, de modo que possa retornar ao que é mais importante!

## ■ SEM SOLUÇÕES ■

As tolerâncias "sem solução" — reexamine e escolha outra atitude. O que você tem tolerado que não pode ser mudado?

O que o incomoda tanto a esse respeito?

Existe algo que você poderia mudar em relação a um ou dois desses detalhes?

Pergunte-se:

- Se você pudesse agitar uma varinha de condão, o que seria diferente nessa situação?
- Quais suposições tenho feito para acreditar que essa situação é imutável?
- Se eu fosse alguém diferente, alguém que não tivesse feito essa suposição, o que eu poderia fazer para mudar a situação?
- Se um amigo estivesse nessa situação, o que eu o aconselharia a fazer?
- Se um amigo estivesse nessa situação, como eu o ajudaria a "se safar", levando-se em conta que eu não me permitiria fazer o mesmo no meu caso?

| Itens | Ações: Quem? O quê? Como? | Até quando?/*Follow-up* |
|---|---|---|
| | | |
| | | |
| | | |
| | | |
| | | |

| Tolerâncias — Lista-mestra | | | |
|---|---|---|---|
| Itens | Delegar, Pagar, Eliminar, SS — Examinar e Escolher | Obstáculo e Ação | Até quando? |
| | | | |
| | | | |
| | | | |
| | | | |
| | | | |
| | | | |
| | | | |

- Durante o processo de tolerância, você ganhará clareza sobre o que pode mudar e o que não pode.
- Listar tudo o que está tolerando não faz de você um resmungão; é o começo do processo de eliminação daquilo que consome sua energia.
- Eliminar as tolerâncias evita que você se distraia do que é realmente importante.

# CAPÍTULO ONZE

# Quase perfeito

**Instantâneo:**
John, de quem você deve se lembrar do Capítulo 1, está dirigindo pela rodovia após ter saído do trabalho às seis da tarde. Escuta um romance gravado em fita — novo hábito que adquiriu para tornar menos estressante a ida e a volta do trabalho. Se tiver de fazer uma reunião pelo celular, ele faz. Mas, geralmente, designa este percurso como "seu". Está ouvindo uma história sobre um personagem que é simplesmente de dar pena — trabalha demais, é importunado pela esposa, está distante dos filhos. Um ano antes, ele teria se descrito assim. Sorri e pensa consigo: "Bem, eu poderia dar-lhe algumas dicas."

Primeiro, pensa ele, esse sujeito precisa compreender o que o torna tão bom no que faz, e por que é valioso para a empresa. Ele tem de ser franco com seu chefe sobre como tirar de si o melhor proveito e evitar o esgotamento. Ele deve entender do que precisa para fazer o melhor trabalho possível e assegurar-se de obter o mesmo das pessoas à sua volta. Depois, tem de estabelecer limites com seus colegas, com os membros de sua equipe e em sua casa.

John se lembra da primeira conversa com sua família a respeito do que era mais importante para ele, e de como estava surpreso de ouvir o que eles disseram ser mais importante para cada um. Ainda sente o intenso alívio de ter feito promessas que podia cumprir e de terem planejado eventos familiares que todos poderiam curtir.

Sorri ao pensar no olhar de surpresa no rosto da esposa quando se sentou com ela e disse:

— O que você está tolerando e como vamos melhorar a situação? Vamos descobrir juntos.

Ele discutiu as pressões no trabalho e estabeleceu acordos claros a respeito de aliviarem um pouco as pressões e o ressentimento não expressados quando ele estivesse em casa.

John sabe que tem de se manter vigilante — o respeito que conquistou com o chefe e com sua equipe, para não mencionar o bem-estar que alcança em casa, não podem ser tidos como certos. Mas, por enquanto, ele se sente satisfeito como arquiteto e senhor de sua própria vida. Está satisfeito e grato. Ele se sente... bem... perfeito. Ou bem perto disso.

# AGRADECIMENTOS

Temos, realmente, de agradecer à nossa agente, Margret McBride, por este livro. A idéia foi dela, e seu entusiasmo implacável e seu feedback atencioso representaram um fator determinante na apreensão de algumas das idéias mais complexas. Nunca nos esqueceremos de quando começamos a acertar tudo e ela, literalmente, dançava pelo escritório. Margret acreditava em nossas idéias e em nós, daí estarmos profundamente emocionados e gratos. Um agradecimento profundo também a Henry Ferris, nosso editor, que dedicou tanto tempo e energia para tornar este livro claro e digno de ser lido. Foi fantástica sua habilidade para colocar-se na posição de leitor e nos desafiar a explicar melhor tudo isto. Neste livro, ele foi muito além do simples apelo do dever.

Inúmeros amigos leram as primeiras versões e nos deram feedback valioso. Amy Solas, Marjorie Miller, Chris Edmonds, Ken e Margie Blanchard, agradecemos os comentários valiosos e seu precioso tempo. Nosso muito obrigado a Martha Lawrence, editora extraordinária, que encontrou tempo em uma agenda já abarrotada para oferecer uma ajuda inestimável e o apoio de que precisávamos desesperadamente. Finalmente, Jennifer Boyd, agradecemos do fundo de nossos corações por vir nos momentos finais com um sorriso no rosto e a melhor das atitudes para aplicar sua habilidade de mestre e tornar tão grandioso nosso trabalho!

## MADELEINE

Thomas Leonard, mentor, professor e pedrinha no meu sapato, costuma dizer: "Vale a pena pedir ajuda para qualquer coisa que valha a pena ser feita." De todas as coisas que me ensinou (e foram muitas), esta foi a que provocou a mudança mais radical. Recebo muita ajuda agora, então, tenho de agradecer a muita gente:

Henry Kimsey-House, meu primeiro coach, guiou-me até que eu encontrasse o que me chamava, meu dom e minha paixão. Belle-Linda Halpern, uma querida amiga, e Kathy Lubar, sua sócia no Ariel Group, deram-me a primeira oportunidade de repassar de volta para os gerentes as habilidades de coaching, quando esta ainda era uma idéia nova. Belle e Kathy me ensinaram o que é um projeto instrucional, como treinar e trabalhar em organizações — e até como se deve vestir de maneira apropriada. Deram-me feedback até mesmo quando isso era difícil. Foram sempre pacientes, generosas e gentis.

Meus coaches — Dana Morrison, Shirley Anderson, David Goldsmith, William Pilder. Obrigada por me orientarem a manter o olho no alvo e por me ajudarem a sacudir a poeira nas muitas vezes em que caí.

Minha talentosa sócia na Coaching.com, Linda Miller, que tem representado uma tremenda fonte de energia com seu jeito carinhoso, seu senso de humor e seu incansável empurrão para a frente.

Um coach não é nada sem os clientes; à parte todos os programas de capacitação do mundo e agora os mentores que eu tive, foram os meus clientes que realmente me ensinaram a treinar. Agradeço-lhes por se mostrarem presentes, fazendo o seu dever de casa, mantendo o senso de humor e indo além do que pensavam que poderiam ir. Vocês estão todos neste livro e, como podem ver, continuam a me inspirar, muito tempo depois de terem seguido adiante.

Mesmo quando os clientes são treinados, os negócios, administrados, e os livros, escritos, a vida continua. Sou profundamente grata às pessoas que amo, pois me ajudam a espremer a última gota preciosa de cada dia. Laura Bertman Fortgang, minha mais querida companheira na busca louca por conseguir tudo isso e fazer malabarismos com a loucura quando tudo isso vinha de uma vez! Minhas sábias mulheres, Leslie Mason, Britt Louise Gilder e Marjorie Miller, que riem de mim e comigo. Minha irmã, Mia Homan, que realmente deveria estar governando o mundo — sua competência e sua paixão comovem todos à sua volta. Mia foi minha primeira editora e tem sido constante fonte de apoio até onde alcançam minhas lembranças. Meu parceiro na criação dos filhos e em algumas das lições mais duras da vida, John Hicock, agradeço-lhe por ser um príncipe entre os homens. Também aos nossos lindos, sábios, espirituosos e amáveis filhos, Hannah e Atticus, por tolerarem a necessidade de realização de sua mãe.

Finalmente, meu sócio nos negócios, no ofício de escrever e nas eternas brincadeiras, Scott, obrigada por sua mente brilhante, sua generosidade de espírito e seu jeito efervescente e doce.

## SCOTT

Devo primeiro agradecer a Laura Berman Fortgang, uma vez que foi a primeira coach que conheci. LBF me apresentou a todos que conheci no coaching, principalmente minha co-autora, Madeleine Homan. Gostaria também de agradecer a John Seiffer e Heather Davis, coaches que demonstraram interesse por minha busca no sentido de compreender o coaching, à época da minha primeira conferência na ICF (International Coach Federation).

É impossível esquecer o primeiro coach, e nenhum é melhor que Jaye Myrick. Jaye foi a primeira pessoa em minha vida que me prestou um serviço de verdade sem nenhum interesse que não fosse meu sucesso pessoal.

Devo um grande obrigado ao meu coach atual, Stephen Cluney, cujos comentários perspicazes nos levaram ao título deste livro.

Gostaria de agradecer aos meus companheiros dos primeiros dias na Coaching.com: Chip Bruss, Vicki Halsey, Jamie Grettum, Debbie Zaleschuk, Joni Wickline, Linda Miller, Pamela Logan, Howard Farfel, Charlotte Jordan e, é claro, nossos maravilhosos coaches.

Um obrigado especial ao nosso primeiro grande cliente e às pessoas que acreditaram em nossa visão de democratizar o coaching, Jay Crookston,

Mark Bersani e Kathy Viverka. Também um obrigado especial ao nosso primeiro cliente de vários anos, Spence Nimberger, da PGI, em Houston.

Um obrigado especial a todos em The Ken Blanchard Companies, que têm apoiado nosso investimento no coaching. Um obrigado especial a Uncle Tom McKee, por sua fé em mim.

Obrigado aos meus filhos e à minha ex-esposa, Chris Blanchard, pela paciência e pelo apoio que este livro exigiu de cada um de vocês.

E, finalmente, um obrigado, do fundo do coração, à minha parceira extraordinária, Madeleine Homan, as borbulhas do meu champanhe, aquela que tem sido minha parceira nos negócios, amiga, coach, co-apresentadora e agora co-autora. Sem você, Madeleine, a vida não seria a mesma.

# LEITURA COMPLEMENTAR

## COACHING

*Coaching for Leadership*; Marshall Goldsmith, Laurence Lyons e Alyssa Freas; Jossey-Bass/Pfeiffer, 2000.

*Coaching for Performance*; John Whitmore; Nicholas Brealy Publishing, 1992.

*Co-Active Coaching: New Skills for Coaching People Toward Success in Work and Life*; Laura Whitworth, Henry Kimsey-House e Phil Sandahl; Davies-Black, 1998.

*The Handbook of Coaching: A Resource Guide to Effective Coaching with Individuals and Organizations*; Frederick Hudson; Hudson Institute Press, 1998.

*Masterful Coaching*; Robert Hargrove; Jossey-Bass/Pfeiffer, 2000.

*The Heart of Coaching*; Thomas Crane; FTA Press, 1998.

*The Portable Coach: 28 Surefire Strategies for Business and Personal Success*; Thomas Leonard and Bryon Larsen; Scribner's, 1998.

*Take Yourself to the Top: The Secrets of America's #1 Career Coach*; Laura Berman Fortgang; Warner Books, 1998.

## NEGÓCIOS E LIDERANÇA

*The E-Myth Revisited*; Michael E. Gerber; Harper Business, 1995.

A quinta disciplina; Peter M. Senge; Best Seller, 1992.

*First, Break All the Rules*; Marcus Buckingham e Curt Coffman; Simon & Schuster, 1999.

*Good to Great;* Jim Collins; Harper Business, 2001.

*Leadership and The One Minute Manager;* Ken Blanchard, Patricia Zigarmi e Drea Zigarmi; William Morrow, 1985.

*The Leadership Pill;* Ken Blanchard e Marc Muchnick; Simon & Schuster, 2003.

*On Becoming a Leader;* Warren Bennis; Addison-Wesley Publishing, 1989.

*Servant Leadership: A Journey into the Nature of Legitimate Power and Greatness;* Robert K. Greenleaf; Paulist Press, 1997.

*Shackleton's Way: Leadership Leesons from the Great Antarctic Explorer;* Margot Morrell, Stephanie Capparell e Alexandra Shackleton; Penguin, 2002.

## MELHORIA DA COMUNICAÇÃO E DOS RELACIONAMENTOS

*Difficult Conversations: How to Discuss What Matters Most;* Douglas Stone, Bruce Patton e Sheila Heen; Penguin, 1999.

*Fierce Conversations;* Susan Scott; Viking Press, 2002.

"How Bell Labs Creates Star Performers"; Robert Kelley e Janet Caplan; *Harvard Business Review,* July/August, 1993.

*The One Minute Apology;* Ken Blanchard e Margret McBride; William Morrow, 2003.

*Primal Leadership;* Daniel Goleman, Richard Boyatzis e Annie McKee; Harvard Business School Press, 2002.

*Whale Done;* Ken Blanchard, Thad Lacinak, Chuck Tompkins e Jim Ballard; William Morrow, 2002.

*Leadership Presence;* Belle-Linda Halpern e Kathy Lubar; Gotham Books, 2003.

## ESTABELECER OBJETIVOS PRINCIPAIS

*Callings: Finding and Following an Authentic Life;* Gregg Michael Levoy; Three Rivers Press, 1997.

*In Transition;* Mary Lindley Burton; Harper Business, 1992.

*Now What?* Laura Berman Fortgang; Tarcher-Penguin, 2004.

*The Purpose Driven Life: What on Earth Am I Here For?;* Rick Warren; Zondervan, 2002.

*The Soul's Code: In Search of Character and Calling;* James Hillman; Warner Books, 1996.

*What Color Is Your Parachute?* Richard Nelson Bolles; Ten Speed Press, 1983.
*What Should I Do with My Life?* Po Bronson; Random House, 2002.


### DONS

*The Four Fold Way: Walking the Paths of the Warrior, Teacher, Healer and Visionary;* Angeles Arrien; HarperCollins, 1993.
*Now Discover Your Strengths;* Marcus Buckingham e Donald Clifon; Free Press, 2001.
*Soar with Your Strengths;* Donal O. Clifton e Paula Nelson; Dell, 1992.


### NECESSIDADES

*Gifts Differing: Understanding Personality Type;* Isabel Briggs Myers e Peter B. Myers; Consulting Psychologists Press, 1997.
*Motivation and Personality;* Abraham Mazlow; Harper & Row, 1970.
*Please Understand Me;* David Keirsey; Prometheus Nemesis Books, 1998.
*Portraits of Temperament;* David Keirsey; Prometheus Nemesis Books, 1987.
*Understanding Yourself and Others;* Linda V. Berens; Telos Publications, 1998.


### VALIOSOS

*Attitudes, Beliefs and Values;* Milton Rokeach; Jossey-Bass, 1968.
*Managing by Values;* Ken Blanchard e Michael O'Connor; Berrett-Koehler Publisher, 1997.


### LIMITES

*Healing the Shame That Binds You;* John Bradshaw; Health Communications, 1988.
*Learning to Say No:* Establishing Healthy Boundaries; Carla Will-Bernadon; Health Communications, 1990.
*No Is a Complete Sentence;* Megan LeBoutillier; Ballantine Books, 1995.

# COMO SE TORNAR UM COACH

O coaching é uma profissão tão maravilhosa que atrai naturalmente milhares de pessoas interessadas pela área de serviços e ansiosas por encontrar uma carreira na qual possam explorar plenamente o que têm de melhor.

Se você se reconhecer como um "coach nato", por favor, vá até a International Coach Federation em busca de informações. A ICF é uma organização sem fins lucrativos que se dedica a servir coaches profissionais e seus clientes. O processo de certificação da ICF é rigoroso, mas vale a pena o esforço.

14441 I Street, N.W., Suite 700
Washington, D.C., 20005
Telefone: 888-3131 (escritório central ou 888-236-9262 — serviço de orientação de coach)
Website: www.coachfederation.org

Existem muitos programas de capacitação excelentes. Os que conhecemos e, por isso, podemos recomendar são:

*Corporate Coach U Internationa (CCUI)*
*Coach University*

*The Coaches Training Institute*
*Georgetown University Center for Professional Development*
*The Hudson Institute of Santa Barbara*
*New Ventures West*
*The Newfield Network*
*International MOZAIK*

Se você já é um coach profissional registrado e está interessado em trabalhar conosco em The Ken Blanchard Companies, por favor, visite nossa página de Internet no endereço www.coaching.com. Vá até a seção "How to contact us" (Como falar conosco) e preencha a ficha de inscrição para coach. De tempos em tempos, entramos em processo de recrutamento, e preencher a ficha de inscrição é a melhor maneira de permanecer em nossos arquivos. Por favor, não ligue para nossos escritórios nem envie cópia em papel do seu currículo. Adoramos tecnologia e preferimos usá-la para manter contato e continuarmos organizados!

# SERVIÇOS DISPONÍVEIS

The Ken Blanchard Companies é líder global no aprendizado no local de trabalho, produtividade dos empregados e eficácia na liderança. Por meio de seminários e uma aprofundada consultoria nas áreas de trabalho em equipe, atendimento ao cliente, liderança, gestão de desempenho e mudança organizacional, a empresa The Ken Blanchard Companies ajuda as pessoas a aprenderem — e o coaching especificamente assegura que o aprendizado seja aplicado no dia-a-dia do trabalho. A aquisição da Coaching.com pela Blanchard em 2002 colocou a empresa no mapa como líder em serviços de coaching. Blanchard agora oferece uma gama de serviços de coaching e programas de capacitação destinados a tratar especificamente dos maiores desafios que as organizações e os líderes de hoje enfrentam. Entre esses desafios, estão mudanças organizacionais; amplas iniciativas de aprendizagem; coaching individual de gerentes, profissionais e executivos; e Conceitos Essenciais do Coaching para Líderes, um programa de habilidades de coaching para ajudar as pessoas a se tornarem mais eficazes, líderes estilo coach.

Para saber mais sobre os programas de coaching e de capacitação intensiva da Blanchard, visite nossa página na Internet ou entre em contato com a empresa diretamente:

The Ken Blanchard Companies
125 State Place
Escondido, CA 92029
Telefone: 800-728-6000 ou 760-489-5005
Fax: 760-489-8407
Websites: www.kenblanchard.com e www.coaching.com

## Onde está o gorila?
### Richard Wiseman

O gorila é uma poderosa e divertida metáfora para o que o autor chama de "pontos cegos psicológicos", que nos impedem de enxergar a solução óbvia para um problema aparentemente difícil. O autor ensina como aumentar sua percepção para descobrir excelentes oportunidades e aproveitar as chances que aparecem de modo inesperado. Aprimorando sua capacidade de identificar as chances a sua volta, você poderá começar um negócio rentável ou até mesmo encontrar o parceiro ideal.

## Você quer, você pode
### Barry Siskind

Este livro apresenta sete estratégias eficientes para resgatar os princípios básicos do bom-senso e alcançar a mais plena realização pessoal. Ao seguir o programa proposto, você verá como construir uma carreira vitoriosa, como manter relações afetivas e familiares felizes e principalmente como interagir na comunidade para realmente construir um mundo melhor.

## A quinta disciplina

### Peter M. Senge

Neste livro, são definidas as características da "organização que aprende", na qual as pessoas expandem continuamente sua capacidade de alcançar os resultados que desejam, tornando-se as principais responsáveis pelos processos de mudança. A fusão de teoria e prática ensinadas pelo autor leva o todo de uma organização a ser mais eficaz que a soma de suas partes. *A quinta disciplina* é leitura obrigatória para os que buscam a excelência nos negócios.

Você pode adquirir os títulos da EDITORA BESTSELLER
por Reembolso Postal e se cadastrar para
receber nossos informativos de lançamentos
e promoções. Entre em contato conosco:

mdireto@record.com.br

Tel.: (21) 2585-2002
Fax.: (21) 2585-2085
*De segunda a sexta-feira,*
*das 8h30 às 18h.*

Caixa Postal 23.052
Rio de Janeiro, RJ
CEP 20922-970

Válido somente no Brasil.
Consulte mais informações em nosso site:
www.editorabestseller.com.br

Este livro foi composto na tipologia Agaramond, em corpo 11.5/15.5,
impresso em papel off-white 80g/m², no Sistema Cameron
da Divisão Gráfica da Distribuidora Record.